© Buzz Editora, 2021
© Annie Kathleen Smith, 2019

Publisher ANDERSON CAVALCANTE
Editora TAMIRES VON ATZINGEN
Assistente editorial JOÃO LUCAS Z. KOSCE
Tradução PAULO GEIGER
Preparação LARA BERRUEZZO
Revisão SARAH SIMONI, TOMOE MOROIZUMI,
CRISTIANE MARUYAMA
Projeto gráfico ESTÚDIO GRIFO
Assistente de design NATHALIA NAVARRO

Dados Internacionais de Catalogação na Publicação (CIP) de acordo com ISBD

S642n
    Smith, Kathleen
    [Nem] tudo está perdido: Não deixe a ansiedade sabotar a sua vida /
    Kathleen Smith
    Traduzido por Paulo Geiger.
    São Paulo: Buzz, 2021.
    224 pp.

    Tradução de: *Everything isn't terrible: Conquer your insecurities, interrupt your*
    anxiety, and finally calm down

    ISBN 978-65-86077-72-8

    1. Autoajuda. 2. Ansiedade. I. Geiger, Paulo. II. Título.

2021-1825   CDD 158.1
                                                             CDU 159.947

Elaborado por Vagner Rodolfo da Silva CRB-8/9410
Índice para catálogo sistemático:
1. Autoajuda 158.1   2. Autoajuda 159.947

Todos os direitos reservados à:
Buzz Editora Ltda.
Av. Paulista, 726 - mezanino
CEP: 01310-100 - São Paulo, SP
[55 11] 4171 2317
[55 11] 4171 2318
contato@buzzeditora.com.br
www.buzzeditora.com.br

[Nem] tudo está perdido

Não deixe a ansiedade
sabotar a sua vida

Dra. Kathleen Smith

Para Jacob, meu parceiro na diferenciação

Introdução ———————————————— 9

I Seu *eu* ansioso ———————————————— 13

CAPÍTULO 1 Focando em si mesmo ——————— 15

CAPÍTULO 2 Pensando e sentindo ——————— 25

CAPÍTULO 3 Seu *eu* de faz de conta ——————— 37

CAPÍTULO 4 Definindo a si mesmo ——————— 45

II Seus relacionamentos ansiosos ——————— 57

CAPÍTULO 5 Sua família ————————————— 59

CAPÍTULO 6 Seus pais ————————————— 73

CAPÍTULO 7 Opa, namoro ——————————— 87

CAPÍTULO 8 Amor ——————————————— 97

CAPÍTULO 9 Fazendo amigos ———————— 107

CAPÍTULO 10 Descobrindo uma comunidade —— 117

III Sua carreira ansiosa ——————————— 129

CAPÍTULO 11 A caça ao emprego ——————— 131

CAPÍTULO 12 Seu chefe é terrível ——————— 141

CAPÍTULO 13 Procrastinação e produtividade —— 151

CAPÍTULO 14 Trocando de carreira ——————— 161

CAPÍTULO 15 Ser um líder ——————————— 169

IV Seu mundo ansioso ——————————— 183

CAPÍTULO 16 Smartphones e redes sociais —— 185

CAPÍTULO 17 Política e religião ———————— 195

CAPÍTULO 18 O longo jogo —————————— 207

APÊNDICE: Glossário da teoria de Bowen —— 217

Os princípios que me guiam ———————— 219

Onde recorrer à teoria de Bowen —————— 221

Agradecimentos ——————————————— 223

 # Introdução

Estamos realmente vivendo tempos de ansiedade. Em uma pesquisa de opinião recente, a Associação Psiquiátrica Americana relatou que a maioria dos norte-americanos está ansiosa quanto a segurança, saúde, finanças, relacionamentos e, claro, política. Nós brigamos no Facebook, fugimos da mesa no Dia de Ação de Graças, ou ficamos imobilizados, e deixamos que alguém mais tranquilo resolva os problemas do mundo por nós. Sempre em alerta máximo, paramos de contemplar os fatos e começamos a analisar as situações nos baseando em sentimentos. Estamos reagindo em vez de agir, de tomarmos as rédeas e de nos tranquilizarmos de uma vez por todas.

Eu vivo e trabalho como terapeuta na cidade que provavelmente é a mais ansiosa dos Estados Unidos: Washington. Muitos de meus pacientes querem ser referência nos quesitos tranquilidade e sensatez em nosso mundo ansioso. Outros querem apenas viver o dia sem perder a paciência com a mãe ou xeretar o Instagram do ex. Eles dependem fortemente do incentivo de outras pessoas. Alguns temem a vulnerabilidade nos relacionamentos ou evitam os colegas de trabalho ansiosos. Outros simplesmente se sentem sobrecarregados com a situação atual do país. Parece familiar?

E, no fim das contas, todos queremos apenas uma mudança de vida no longo prazo. Todos queremos viver guiados por princípios, e não por medo ou preocupação. E, no fundo, temos a capacidade de tranquilizar a nós mesmos. Somos capazes de desligar nosso piloto automático e segurar com firmeza a direção. E ao decidir de que modo controlar nossa ansiedade, estamos decidindo nosso destino. Então deixe eu lhe contar sobre uma teoria que mudou minha vida.

O que é a teoria de Bowen?

Todo terapeuta tem uma teoria que o orienta no trabalho com seus pacientes. A minha é uma teoria de comportamento humano conhecida como teoria de Bowen. Murray Bowen foi um psiquiatra e o pai da psicoterapia da família. Ele era do Tennessee, assim como eu, e gostei de sua maneira brilhante, ainda que fantasiosa, de descrever relacionamentos. Terapeutas tradicionais focavam em indivíduos, mas o dr. Bowen acreditava que só poderíamos aprender a nos acalmar quando consideramos nossos sistemas de relacionamento. Isso porque, quando nos sentimos ansiosos, frequentemente tentamos fazer os outros mudarem. Tentamos acalmar todo mundo para finalmente podermos relaxar. Mas se você for capaz de se controlar nesses relacionamentos, é provável que sua família, seu local de trabalho e até mesmo o mundo lá fora também fiquem um pouco mais tranquilos.

O dr. Bowen ensinou que se a ansiedade surge em nossos relacionamentos, ela também pode ser resolvida neles. Portanto, uma mudança no longo prazo não acontece no isolamento nem no sofá do terapeuta. Acontece quando queremos trabalhar para sermos o melhor que podemos ser em nossos relacionamentos mais difíceis. Eu sei que isso soa brusco e difícil, mas acredite, faz diferença. Se uma pessoa pode aprender a pensar e agir por si mesma em uma família ansiosa, uma comunidade ansiosa ou um mundo ansioso, então sua percepção de si mesma não dependerá tanto da cooperação dos outros.

Eu adoraria que você pensasse que sou uma gênia, mas muitas das ideias apresentadas neste livro vêm direto da teoria de Bowen. Você não precisa ser um especialista na teoria para ler este livro. No entanto, se estiver interessado em aprender mais, incluí, nas últimas páginas, algumas definições e fontes básicas para ajudar você a começar.

O.k., mas como eu me tranquilizo?

Cada capítulo deste livro explorará um determinado aspecto da vida no qual a ansiedade pode causar problemas. Vamos dar uma olhada em seu *eu* ansioso, seus relacionamentos, sua carreira e seu mundo mais amplo. Vou utilizar exemplos do meu trabalho terapêutico para ajudá-lo a ter uma visão melhor de como é que se constrói um *eu* mais forte e se reduz a ansiedade como um todo. Para proteger a confidencialidade dos meus pacientes, nomes e informações que pudessem identificá-los foram alterados. Cada exemplo corresponde a muitas pessoas com desafios semelhantes. Talvez você veja a si mesmo em algum desses grupos de pessoas. Eu certamente me vejo.

A construção de um *eu* sólido, baseado em princípios, é um processo complexo que se estende por toda a vida. Para evitar que você se sinta assoberbado, vou me basear em três verbos ao longo do livro: **observar, avaliar** e **interromper** a estrutura da sua ansiedade.

Primeiro, você precisa começar a observar. Antes de ser capaz de mudar seus comportamentos ansiosos, você precisa saber quais são eles. Ao observar a si mesmo, já estará usando a parte de seu cérebro que o ajuda a se tranquilizar. Este livro vai ilustrar os comportamentos mais comuns que acompanham a ansiedade, e você se tornará um especialista em reconhecê-los.

Segundo, você precisa avaliar seu comportamento. Você tem de olhar com rigor o que está fazendo para controlar sua ansiedade e se perguntar: "é essa a pessoa que eu realmente quero ser?". Vou discorrer sobre como viver uma vida orientada pela lógica e por princípios, e não surtando.

Terceiro, você precisa interromper tudo o que acontece de maneira automática. Depois de ter observado seus comportamentos automáticos e decidido como realmente quer viver, você tem de começar a buscar oportunidades para desligar seu piloto automático. Isso implica certo nível de desconforto. Porque toda vez que você faz algo que normalmente não faria, é um pouco desconfortável. Ou bastante.

Depois de trabalhar na construção de um *eu* mais sólido, as pessoas com frequência comentam que a vida que levavam antes é totalmente irreconhecível comparada com a que estão levando agora. Elas perdem menos energia buscando aprovação e têm mais energia para trabalhar por seus objetivos. Têm menos sintomas emocionais e físicos. Seus relacionamentos são mais sensíveis e menos ansiosos.

Alguns podem alegar que focar em si mesmo enquanto nosso mundo está pegando fogo é egoísmo. Mas eu acho que o verdadeiro problema é que não há presença suficiente do *eu* no modo como reagimos aos desafios. As pessoas mais tranquilas vão emergir como realizadoras de mudanças, porque compreendem que, na equação de ansiedade no mundo de hoje, a única variável que você é capaz de manipular é a si mesmo.

Ao mudar a si mesmo, você muda a equação. Ao construir um *eu* mais sólido, você será capaz de trazer tranquilidade para sua família, sua comunidade e o planeta inteiro. E isso é poderoso pra caramba.

1 Seu *eu* ansioso

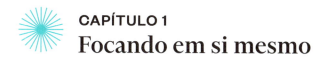

CAPÍTULO 1
Focando em si mesmo

"Durante toda a sua vida ele olhou para longe, para o futuro, para o horizonte. Sua mente nunca estava onde ele estava, humm? No que ele estava fazendo."

YODA, no filme *Star Wars episódio V: O império contra-ataca*

Jordan passou a maior parte de sua primeira consulta me contando sobre Kyle, seu ex-namorado. Kyle tinha o histórico de surtar quando as coisas ficavam sérias. Ele tinha medo de intimidade por não ter tido um relacionamento estável com os pais. Usou Jordan para achar um emprego e lutar contra a depressão, e depois rapidamente a deixou. Jordan e Kyle não eram mais um casal, mas ainda saíam com o mesmo grupo de amigos e ocasionalmente transavam. Ela me contou que seguia Kyle no Venmo[1] para ver que tipo de coisas "idiotas" ele estava comprando para outras mulheres. Ela sabia qual era a senha do e-mail dele e logava para ver as notificações dos aplicativos de encontros. Em um momento de raiva, Jordan bloqueou Kyle no Instagram, mas seus amigos lhe enviavam as fotos que ele postava se divertindo com jovens de 22 anos. "Sinceramente, eu sinto vergonha por ele", disse.

Talvez você ache graça, mas eu não vou atirar a primeira pedra. Todos nós já fomos Jordan, de um modo ou de outro. Ser humano é estar focado em outro humano, especialmente quando o relacionamento é romântico. Enquanto Jordan dissertava sobre Kyle, eu me dei conta de que não sabia nada sobre essa mulher que não fosse relacionado ao ex. Sua mente estava completamente fixada em Kyle, e eu podia sentir a ansiedade irradiando dela.

---

1 Carteira digital que permite compartilhar pagamentos com amigos, associada ao PayPal. (Esta e todas as outras notas deste livro são do tradutor.)

Este é o primeiro e mais assustador desafio para qualquer terapeuta: ajudar alguém a começar a focar em si mesmo. É irônico, considerando que muitas pessoas rotulam a terapia como sendo uma prática egoísta. A realidade é que raramente há *eu* presente o bastante na terapia. São muitas as pessoas que entram por minha porta para reclamar do parceiro, dos pais ou do chefe. Elas sabem que estão ansiosas, mas não percebem que focar sua atenção para fora de si mesmas, o que eu chamo de "foco no outro", contribui para o aumento de sua ansiedade. Portanto, o primeiro passo para se tranquilizar é simplesmente começar a pensar em si mesmo. Perceber como sua ansiedade funciona. Parece fácil, mas não é.

O que é ansiedade?

Não é de surpreender que Jordan estivesse superfocada em Kyle. O hábito de ficar focado nos outros tem origens biológicas. Quando nos sentimos ameaçados, temos de reagir à ameaça. Esta é a mais simples definição de ansiedade: ela é sua resposta a uma ameaça real ou imaginária.

Nossa ansiedade atende a um propósito muito importante, porque o objetivo central do ser humano é simples: não morrer pelo maior tempo possível. Pode-se chamar isso de, humm, não sei... *viver*. Mas, em sua missão de permanecer vivo, há muitas coisas no mundo que podem ameaçar. Ursos. Terremotos. Fast-food. Kyle. Felizmente, a evolução proveu aos humanos meios de sobreviver a todas essas coisas assustadoras.

Você pode:
- **Combater** a coisa assustadora.
- **Fugir** da coisa assustadora.
- **Ficar imóvel** para se esconder da coisa assustadora.
- **Alertar** os outros para a coisa assustadora.

A maioria dos organismos tem embutida algumas ou todas essas reações ao perigo, mas nós humanos somos especiais. Somos capazes não apenas de perceber o perigo, mas de *imaginar* um perigo potencial. Seu cão não fica preocupado se você vai ou não vai alimentá-lo amanhã. Ele apenas quer saber se você vai ou não vai dar cabo no pedaço de queijo que está segurando. Nossa capacidade de nos antecipar ao perigo nos ajudou a sobreviver e prosperar. Mas assim como qualquer superpoder, ela pode causar problemas. Acabamos nos preocupando demais com ameaças hipotéticas e não com problemas reais do agora.

Como nós humanos temos diferentes genes, famílias e experiências, variamos em quão sensíveis somos a essas ameaças imaginárias. Pense nisso como sendo um sistema de alarme embutido. Alguns de nós temos alarmes que disparam muito facilmente, e outros, não. Talvez seu alarme só dispare quando houver um verdadeiro incêndio, mas o meu vai soar quando eu deixar tostar um pouquinho os nuggets de frango.

Nossos alarmes também podem evoluir com base em encontros com ameaças reais. Você ficará mais ansioso depois de avistar um urso do que ficaria numa terça-feira normal, sem ursos. (Caso você não tenha notado, ursos me preocupam muito.) Quando seu alarme soa, você não tem tempo para reflexão. Se você parar para pensar enquanto está sendo perseguido por um urso, estará ferrado. Você sabe que o urso é a causa de sua aflição, por isso precisa escapar dele o mais rápido possível. No entanto, a maioria dos relacionamentos humanos é mais complexa. Quanto mais nos sentimos ameaçados, mais aplicamos a mesma noção de causa e efeito nos relacionamentos. Nosso cérebro volta-se para a mesma visão hiperfocada que afligiu Jordan. Queremos que certa pessoa seja o urso, e a transformamos em um. Para nos protegermos, investimos uma grande dose de energia para nos tornarmos especialistas em alguém que não somos capazes de controlar, isto é, os Kyles que existem por aí.

Grande parte do mundo atual é fixado em focar nos outros. Sentimo-nos amedrontados por muitas coisas, vemos ursos por toda parte. Republicanos. Democratas. Membros da família. Pessoas que não concordam conosco. Pessoas que não se parecem conosco. Não é de admirar que tudo pareça estar perdido.

O problema com o "por quê"

Quando alguém lhe diz para focar em si mesmo, você pode até achar que essa outra pessoa está tentando se livrar do problema. Você pode pensar "então não existem pessoas horríveis? Kyle não tem culpa na disfunção desse relacionamento?". Pode ter certeza que sim, simplesmente por ser humano. Mas quando Jordan ficou ansiosa com o estado de seu relacionamento, ela só conseguia ver o lado de Kyle. Jordan sabia que os comportamentos de Kyle eram parte do problema, então ela o rotulou como sendo *a causa* do problema. Ela considerou que ele era quem deveria mudar, para libertá-la da maneira ansiosa que fuçava os e-mails dele. Ao se focar em Kyle, ela desconsiderou sua própria parcela de responsabilidade.

Há muitas maneiras de cairmos na armadilha de nos focarmos nos outros. Quando realmente queremos que alguém goste de nós, ou quando nos preocupamos com alguém que amamos, perdemos nós mesmos de vista. Quando alguém discorda de nós ou nos magoa, tentamos nos tranquilizar mudando, ou recriminando, a outra pessoa.

Focar em outras pessoas também pode ser:
- Oferecer um número exagerado de conselhos.
- Tentar motivá-las.
- Preocupar-se com elas.
- Reclamar delas.
- Ir atrás delas nas redes sociais.
- Tentar adivinhar o que estão pensando.
- Desviar-se de seu caminho para evitá-las.
- Fazer coisas por elas que elas podem fazer por conta própria.

Humanos acabam nesse tipo de pensamento de causa e efeito porque somos programados para perguntar "Por quê?" quando estamos ansiosos. Perguntar o porquê implica culpa. Isso é conveniente para nos prover algo ou alguém para responsabilizar. Jordan estava perguntando a si mesma, "por que estou tão infeliz?". E tinha uma resposta óbvia para essa pergunta: "por causa de Kyle". O problema era que Kyle não estava fazendo terapia. Jordan é quem estava ali, e Jordan era a única variável que ela poderia alterar nessa grande equação disfuncional. Para ajudá-la a focar nela mesma, eu simplesmente fiz várias perguntas que não começavam com "por que".

Eu: Quando é que Kyle faz você ficar ansiosa?
Jordan: Quando ele não responde minhas mensagens.
Eu: O que você faz quando ele não responde?
Jordan: Eu mando mensagens e ligo sem parar ou peço a um amigo para checar o Instagram dele.
Eu: Quão eficaz isso tem sido?
Jordan: Eu me sinto bem no momento em que o estou atacando. Mas depois me sinto muito mal quando não consigo o que quero. Fico ainda mais ansiosa.
Eu: O que poderia ser mais eficaz para acalmar você? Tem alguma ideia?
Jordan: Eu poderia não checar meu telefone tanto assim. Ou talvez tentar, em vez disso, respirar fundo algumas vezes.

Passaram-se semanas, e tentei manter Jordan focada em como ela queria reagir a essa situação com Kyle. Havia lampejos de autofoco, mas sua atenção sempre voltava para o ex. Ela tentara ensinar a ele como não falar sobre outras mulheres quando estavam juntos. Tentou convencê-lo de que eles precisavam de uma terapia de casal. Formulou hipóteses quanto ao motivo de Kyle ser tão imaturo e jamais ser capaz de mudar. Jordan direcionou muito de sua energia na tentativa de gerenciar as emoções, os pensamentos e os comportamentos de Kyle. A única coisa que a acalmava após uma briga era receber uma mensagem dele pedindo desculpas. Não era de admirar que estivesse tão cansada e ansiosa. Ela tinha se esquecido de que havia alguém, além de Kyle, capaz de acalmá-la - ela mesma!

Com o passar do tempo, o foco de Jordan começou a voltar-se para si. Ela começou a notar que seu relacionamento era uma via de mão dupla e que seu próprio nível de estresse afetava sua conduta e seu nível de maturidade. Observou que chegava tarde no trabalho quando seu chefe estava de mau humor. Percebeu que tendia a brigar mais com sua mãe ao telefone quando havia bebido. Ao notar o papel que desempenhava em todo relacionamento importante, ficou mais apta a assumir responsabilidade por seu funcionamento. Porque é isto que constitui a responsabilidade - a capacidade de reagir. Jordan foi capaz de enxergar que se aprendesse a focar em ser o melhor *eu* nos relacionamentos, grande parte do drama simplesmente desvaneceria.

A rapidez com que uma pessoa pode chegar a esse nível de autofoco depende de alguns fatores. Uma variável é quão forte é sua percepção do *eu*. Falaremos mais sobre esse conceito nos próximos capítulos, mas a ideia é que todos temos níveis variados de o quanto tendemos a nos focar nos outros. Uma segunda variável é quanto estresse isso implica. Talvez você consiga se manter autofocado durante um evento pouco desafiador. Mas se o estresse começar a aumentar, pode ser difícil até mesmo para a mais madura das pessoas não mudar para um modo de pensar focado em culpa, que pergunta "por quê?".

Vamos praticar!

Um modo de fortalecer a capacidade de focarmos em nós mesmos é praticar como transformar perguntas direcionadas aos outros em perguntas direcionadas a nós mesmos. Pense nisso como o ato de reverter a câmera em seu celular para tirar uma *selfie*. Alguns exemplos:

Foco nos outros: Por que estou tão ansioso?
Foco em si mesmo: Como gerencio minha ansiedade, e quão eficaz isso é?

Foco nos outros: Por que minha família não me compreende?
Foco em si mesmo: Que papel eu desempenho na forma imatura de minha família agir?

Foco nos outros: Por que as pessoas me sobrecarregam tanto?
Foco em si mesmo: O que eu faço pelos outros que eles podem fazer por si mesmos?

Foco nos outros: Será que meu cônjuge é a pessoa certa para mim?
Foco em si mesmo: Como posso ser a pessoa que eu quero ser em meu relacionamento?

Foco nos outros: Por que o meu país parece uma bomba prestes a explodir?
Foco em si mesmo: Qual é a minha responsabilidade como cidadão nisso?

Quando você começa a se focar em seu papel num relacionamento ou problema, acontece uma coisa curiosa - você começa a se tranquilizar! Isso porque você estará focado na única coisa que é capaz de controlar: a si mesmo.

Meu consultório tornou-se o lugar em que Jordan conseguia se acalmar um pouco e começar a pensar mais sobre seu comportamento ansioso. Com o tempo, ela adquiriu a noção de como seu foco intenso em Kyle reforçava a vontade dele de ficar afastado dela. Estavam presos na clássica dança de relacionamentos, entre uma perseguição ansiosa e uma fuga ansiosa. Jordan tirou o foco de Kyle e começou a focar nas suas amizades, na saúde e nos objetivos da carreira. Começou a ver que sua felicidade talvez *não dependesse* do comportamento de Kyle. Em outras palavras, ela se tranquilizou. E adivinhem o que aconteceu? Sim. Eles voltaram a ficar juntos. Mas agora Jordan viu que seu novo desafio era continuar a assumir a responsabilidade por ela mesma e por sua ansiedade enquanto estivesse em um relacionamento com Kyle.

Não sei o que aconteceu com esses dois. As pessoas frequentemente param de fazer terapia quando as coisas se tranquilizam. Mas espero que Jordan tenha encontrado um meio de continuar pensando nela mesma quando for tentada a se focar em Kyle. Pessoas são capazes de crescer e de se tranquilizar dentro ou fora de relacionamentos. Mas continuo torcendo por Jordan, porque sei como é sentir o gostinho de sua própria capacidade na vida. Espero que ela tenha continuado a perceber como o fato de ficar focada nela mesma torna seus relacionamentos menos ansiosos.

Suas perguntas

Observar:
- Em quais relacionamentos minha tendência é focar a culpa nos outros?
- Quando é que tento mudar os outros para poder controlar minha própria ansiedade?

- Que emoções e sintomas físicos eu vivencio quando estou focado nos outros?

Avaliar:
- Como meu foco nos outros entra em conflito com a pessoa que quero ser?
- O que meu melhor *eu* deveria fazer em situações nas quais tendo a culpar os outros?
- Existe algum aprendizado do qual eu possa me lembrar nessas situações?

Interromper:
- Quais são as próximas oportunidades para praticar o ato de focar em mim mesmo?
- Como posso me conter para não me focar nos outros como forma de controlar minha ansiedade?
- Que pessoas e recursos podem me ajudar a focar mais em mim mesmo?

Sua prática

Durante as próximas 24 horas, anote toda vez que se pegar focando ansiosamente em outra pessoa. Por exemplo, quando outra pessoa coloca os pratos na lava-louças da maneira errada, ou quando alguém diz algo na rede social que faz você ficar furioso. Você está focando no outro toda vez que quer controlar os pensamentos, as emoções, ou os comportamentos de outra pessoa, seja ela uma estranha ou uma celebridade. No fim do dia, se dê os parabéns por cada item na lista, e não se martirize por ela ser muito longa. Prestar atenção é a parte mais importante da mudança! Quanto mais você prestar atenção, mais provável será lembrar de permanecer focado em si mesmo.

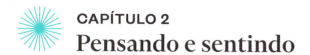

CAPÍTULO 2
Pensando e sentindo

"Fatos são coisas obstinadas: e quaisquer que possam ser nossos desejos, nossas inclinações, ou os ditames de nossas paixões, eles não são capazes de alterar a condição do que é fato e evidência."

JOHN ADAMS

A terapeuta mais recente de Monica a tinha abandonado. Ao menos, era assim que Monica percebia. Na realidade, a terapeuta havia se mudado. Mas esta é a natureza dos sentimentos. Eles são alérgicos aos fatos. Quando Monica veio se consultar comigo, ela rapidamente se deu conta de que eu estava mais interessada em me inteirar dos fatos do que dos sentimentos. Porque os fatos, no que concerne à família de Monica, eram bem interessantes. Quando Monica estava na faculdade, seu pai desenvolveu um vício em jogos de azar. Injuriada com isso, sua mãe foi em busca de apoio e acabou tendo vários casos. Quando esses casos vieram à tona, a família se desmembrou na onda do choque emocional. O irmão de Monica ficou do lado da mãe, e ela, do pai.

Alienado do resto da família, o pai de Monica se agarrou a ela na busca por apoio emocional. Ele a acusaria de traição se ela falasse com qualquer pessoa do lado materno da família. Recusou-se a sequer abordar seu problema com o jogo, e suas dívidas cresciam continuamente. Tudo era muito intenso, porque não houve muita separação emocional na família de Monica. Eles podem ter parado de falar uns com os outros, mas se você não aguenta ficar no mesmo recinto com essas pessoas é porque não está exatamente separada emocionalmente delas.

O dr. Bowen propôs a ideia de que as pessoas variam quanto à dimensão da separação emocional que experimentam em relação a suas famílias. Ele tinha um termo para essa separação: diferenciação. Pessoas com mais habilidade para diferenciação poderiam estar em contato estreito com um grupo de pessoas ansiosas e manter sua capacidade de pensar e agir por si mesmas. Ninguém é capaz de fazer isso com perfeição, mas algumas pessoas são mais aptas do que outras. Pessoas com baixos níveis de diferenciação lutam para separar seus pensamentos de suas emoções. Também têm dificuldade para dizer qual é a diferença entre seus pensamentos e emoções e os pensamentos e emoções de outra pessoa.

Ninguém na família de Monica era capaz de pensar como um indivíduo. Ninguém era capaz de tratar outra pessoa como um indivíduo. Relacionavam-se uns com os outros de acordo com o lado no qual tinham ficado depois do divórcio, e cada um tinha alguém a quem culpar por sua própria infelicidade. Monica esforçava-se para pensar objetivamente na história de sua família. Estava tão ligada aos pensamentos e sentimentos de seu pai sobre a infidelidade da mãe que os tinha adotado como se fossem seus. Se seu pai não gostasse de alguém, ela assumia que eram pessoas tóxicas. Sua mãe tornou-se a principal vilã na história da família. Ela era a resposta para aquela pergunta perigosa: "por quê?".

A diferenciação é o objetivo

A capacidade de distinguir seus pensamentos e sentimentos dos pensamentos e sentimentos de outra pessoa é essencial para se tranquilizar e fazer o que precisa ser feito. Pense sobre isso – se você ligou para a emergência e a telefonista também entrou em pânico, ela não será de grande ajuda. Se as pessoas aceitassem o pensamento de todas as outras, ainda estaríamos considerando que um navegador poderia chegar até a beirada da Terra e cair. A capacidade que as pessoas têm de pensar por si mesmas literalmente mudou o mundo.

Diferenciação é a capacidade de:
Separar pensamentos de sentimentos.
Separar seus pensamentos e sentimentos dos de outra pessoa.

Monica tinha dificuldade para distinguir entre pensamento e sentimento, entre a realidade e a visão estreita que resulta da ansiedade. Ela pensava que tinha escapado de sua família ao cortar o contato, mas a falta de separação emocional se espelhava em como se comportava com colegas de trabalho e amigos. Quando percebia que alguém estava aborrecido, suas emoções dominavam o pensamento. Isso fazia com que fosse difícil para ela manter contato com a realidade e os fatos. Se seu chefe estava aborrecido, devia ser por culpa dela. Se um amigo estava magoado, então com certeza iria terminar sua amizade com ela. As apostas eram muito exageradas, mesmo em situações positivas.

A única maneira que Monica conhecia de evitar a ansiedade era se certificar de que todos à sua volta estavam felizes. Ela dedicava uma enorme quantidade de energia em assegurar que seus amigos e colegas de trabalho gostassem dela. Ficava escutando seu pai ao telefone durante horas. Respondia a e-mails às duas horas da manhã para satisfazer seu chefe. Era ela quem sempre ia à casa do namorado para que ele não precisasse atravessar a cidade. Tornou-se especialista em interpretar expressões faciais e tons de voz para detectar infelicidade nos outros. Quando seu alarme interior disparava, ela aplicava toda a sua energia para satisfazer, ou para escapar. Monica não tinha energia restante para cuidar de si mesma ou trabalhar por seus objetivos.

Se uma pessoa é capaz de diferenciar seus próprios pensamentos das emoções, então a ansiedade de qualquer outra pessoa é um pouco menos contagiante. Pessoas com habilidade para a diferenciação são capazes de se auto-orientar, mas também de participar de relações próximas, mesmo quando as coisas estão tensas.

Então, como trabalhar em seu nível de diferenciação? A resposta é focar em si mesmo. Para aprender a diferenciar seu pensamento do seu sentimento, você tem de conhecer um pouco melhor seus sentimentos, porque esses engraçadinhos não irão a parte alguma.

Fazendo da ansiedade uma amiga

Nossa sociedade trata a ansiedade como se fosse um tumor. Queremos extirpá-la, fazê-la morrer de fome, ou reduzi-la até o esquecimento. Quando estão em terapia, as pessoas querem medir seu progresso pelo nível de ansiedade. Vejo pessoas se martirizando porque ficaram ansiosas após um término, uma morte, ou quando seu voo foi cancelado seis vezes seguidas. Mas, no mundo de hoje, sabemos quantos acontecimentos estressantes estão fora de nosso controle. Sua ansiedade é uma companheira de viagem na jornada da vida, de modo que é melhor você tratar de conhecer essa irritante companheira.

Gosto de pensar que minha ansiedade é um alarme de fumaça. É irritante, mas também é importante. Um alarme de fumaça serve para me proteger do perigo, mas às vezes ele dispara quando estou cozinhando, sem que exista um perigo real. Quando o alarme começa a soar, não saio correndo e gritando da casa. Não bato nele com uma vassoura até parar. Simplesmente olho em volta e verifico se há fogo. Se não houver, reajusto o alarme. Compreendo que meu alarme de fumaça é projetado para ser sensível e me proteger. É meu amigo e um dia poderá salvar minha vida.

Nossos sistemas de alarme vão variar em sensibilidade com base em nossas experiências em relacionamentos, especialmente dentro de nossas famílias. Muitos de nós têm um sistema de alarme sensível instalado em nosso cérebro. Isso tem muito a ver com nosso nível de diferenciação. Às vezes sua ansiedade vai gritar "fogo!" quando na realidade não existe fogo algum. Vai gritar "perigo!" quando você se deparar com uma mensagem passivo-agressiva. Mas diferentemente do alarme em sua cozinha, pode ser difícil lembrar que sua ansiedade é um sistema sensível. Com o decorrer do tempo, quanto mais você perceber ameaças imaginárias, mais ansiedade crônica você terá. Toda vez que Monica recebia um e-mail de seu chefe marcando uma reunião, seu alarme disparava. Objetivamente, ela sabia que não era seu emprego que estava em questão, mas emocionalmente ela estava em alerta. Monica se martirizava ao perceber pequenos fatos como grandes ameaças, ao agir como se a casa estivesse pegando fogo. Mas envergonhar-se a mantinha em estado de alerta. Conversamos sobre como uma atitude de curiosidade poderia ajudá-la a trabalhar em diferenciação e reduzir essa ansiedade crônica.

Ter mais habilidade para diferenciação, no entanto, não significa que você se tornou um robô. Mesmo pessoas que têm um nível mais elevado de diferenciação ainda sentem ansiedade. Só que são capazes de superá-la retardando sua escalada. São mais capazes de discernir o que é uma ameaça real e o que uma ameaça imaginária, e de desligar o piloto automático e assumir o controle. Pessoas com mais capacidade de diferenciação também são mais céticas no que tange às emoções. Frequentemente nossa ansiedade é como um editor de notícias oportunista que quer conseguir rapidamente um furo e muitos cliques. Ela percebe o que está acontecendo com você naquele momento e cria terríveis manchetes, iscas para muitos cliques.

Experiência: Você levou bolo num encontro.
Manchete da ansiedade: VOCÊ VAI MORRER SOZINHO, COM DEZ GATOS!

Experiência: Seu chefe lhe envia um e-mail confuso.
Manchete da ansiedade: COMO SOBREVIVER QUANDO FOR DESPEDIDO AMANHÃ.

Experiência: Você ouve um barulho estanho em seu apartamento.
Manchete da ansiedade: SERÁ QUE VOCÊ É FORTE O BASTANTE PARA SE DEFENDER COM ESTE SECADOR DE CABELO?

Experiência: Você manda uma mensagem para um novo amigo.
Manchete da ansiedade: PARABÉNS POR GANHAR O PRÊMIO DA REVISTA *TIME* DE PESSOA MAIS CHATA DO ANO!

Você está vendo que essas manchetes chamam a atenção, mas não se baseiam exatamente na realidade. Sua ansiedade é como um correspondente da *Fox News*. Seu cérebro, no entanto, é o calmo repórter da NPR,[2] que talvez não tenha achado algo incrível para informar, mas está relatando os fatos. Assim, quando você quiser se acalmar, se pergunte: "qual é a

---

2 National Public Radio, organização sem fins lucrativos, sindicadora de mais de novecentas estações de rádio nos Estado Unidos.

verdadeira história aqui?". E então deixe sua Nina Totenberg[3] interior lhe dizer o que está acontecendo.

Algumas das outras mentiras que a ansiedade conta às pessoas:
- Este avião com certeza está caindo.
- Essa pessoa acha que você é extremamente tedioso.
- Todo mundo que você vê nas redes sociais são melhores do que você.
- Com certeza você será despedido.
- Ninguém compreende você.
- Tem um assassino atrás da cortina do chuveiro!
- Ninguém nunca irá contratar você.
- Você não é atraente.

A ansiedade emprega palavras como *nunca, ninguém, com certeza, bastante, deveria* e *sempre*. Ela estimula uma abordagem de tudo ou nada na vida. Não quer que você faça nada que seja, mesmo remotamente, arriscado. Então, como você poderá reassumir o controle e dirigir sua própria vida? Como usar o pensamento racional quando são os sentimentos que estão guiando o carro?

Reagir *versus* responder

Para conseguir se tranquilizar, Monica tinha de começar a focar nela mesma, em vez de nos outros. Eu a incentivei a começar a prestar atenção em como seu alarme de ansiedade estava conduzindo sua vida cotidiana. Após algum tempo observando, Monica contou-me uma história sobre um encontro recente com seu namorado. Ele enviara uma mensagem dizendo que estava trancado do lado de fora do apartamento. Monica tinha uma chave extra, mas havia acabado de sair do banho e começado a preparar o jantar. Dava para perceber a ansiedade na voz dele, porque ficar trancado do lado de fora é realmente irritante. Incapaz de diferenciar a ansiedade do namorado da realidade, Monica rapidamente correu para

---

3 Correspondente de assuntos jurídicos na National Public Radio.

atravessar a cidade, indo a seu encontro. Seu cabelo estava molhado, o jantar inacabado, e seu casaco não era quente o bastante. Quando o encontrou num bar, perto de casa, notou que ele estava calmo. "Você não precisava ter corrido assim", disse. "Seu cabelo está congelado!"

Exageradamente sensível à ansiedade do namorado, Monica foi incapaz de parar e pensar que ele estaria perfeitamente apto a atravessar a cidade para pegar a chave com ela. O alarme tinha soado, e ela respondera como um bombeiro. Mas não havia incêndio algum!

Muitos de nós somos muito bons e matreiros para fingir que não somos criaturas ansiosas. Normalmente não socamos alguém nem gritamos ao telefone. Comparecemos no trabalho dentro do horário e pagamos nossos impostos. Tendemos a ser neuróticos sutis, que assumem compromissos demais ou só querem que as pessoas gostem de nós. Mas as neuroses cobram seu preço. O alarme toca, e acabamos por reagir, em vez de responder. A reação é nossa resposta ansiosa. E sua ansiedade quer que você aja rápida e previsivelmente, mesmo que isso não seja um comportamento maduro. Responder tem a ver com pensar e com ser o tipo de pessoa que você quer ser. Vejamos alguns exemplos de como pessoas reagem ou respondem.

A reação (sentimentos) pode se expressar assim:
- Responder a e-mails não urgentes às 22 horas.
- Não aproveitar oportunidades por medo de ser rejeitado.
- Estabelecer prazos impossíveis de serem cumpridos.
- Ser exageradamente complacente com outras pessoas.
- Assumir responsabilidades sem que haja interesse ou retorno.
- Checar as redes sociais para ver se as pessoas curtiram o que você postou.

A resposta (pensamentos) pode se expressar assim:
- Compartilhar seu pensamento sem se focar na reação.
- Considerar a rejeição como manejável e inevitável.
- Estabelecer prazos realísticos.

- Controlar a tendência de gerenciar emoções ou comportamentos alheios.

A diferença entre essas duas listas é a diferença entre uma pessoa com baixo nível de diferenciação e uma pessoa com um nível mais alto de diferenciação. E é fácil adivinhar qual dessas pessoas será capaz de trabalhar melhor e administrar a ansiedade. Olhe novamente para a primeira lista e perceba como a pessoa que reage se foca mais nos outros. Quando agimos reativamente, tentamos ler a mente dos outros. *Será que gostaram de minha ideia? Será que acham que fui direto demais? Será que devo enviar um segundo e-mail, mais gentil?* Quando você tenta ler a mente dos outros, provavelmente vai supor o pior. E vai permitir que sua ansiedade dite sua reação.

Viver a vida como uma série de reações ansiosas é exaustivo. Quando inevitavelmente nos sentimos assoberbados de tentar parecer bons para sermos amados, recorremos à cafeína, ao álcool, à comida, à televisão, às compras, a mais conquistas e a outras pessoas para nos tranquilizar. Na maior parte do tempo, as pessoas podem se virar com esse tipo de comportamento. Mas no momento em que uma grande onda de estresse as atinge, como uma morte, um término, um emprego perdido, ou uma doença, nossa percepção do *eu* vai desmoronar como a frágil estrutura que realmente é.

É no momento seguinte a esse desmoronamento que a maioria das pessoas aparece na terapia. Em grupos de doze passos, este é chamado de 1º Passo: "Admitimos que estamos impotentes quanto a _____. Nossa vida ficou incontrolável".

Esse espaço em branco representa tudo que você tem feito para administrar sua ansiedade. Todos nós somos viciados em alguma forma de nos tranquilizar, seja com elogios, seja mantendo-nos ocupados, seja com bebida. O 1º Passo é uma maneira de as pessoas admitirem que seu piloto automático realmente não funcionou para acalmá-las.

Para muitos, esse espaço em branco é o amor e a aprovação dos outros. O dr. Bowen refutou a noção de que pessoas que vêm para a terapia sentindo que não são amadas precisam de mais amor. Ele as considerava "viciadas" em amor. Não que seus pais não as amem o bastante. E sim que houve pouca separação emocional em suas famílias. E, como acontece em todo vício, aumentar a substância viciante não resolve o problema. Só acalma as coisas temporariamente, como voltar ao Twitter obsessivamente, ou pedir mais um drinque.

Assim como Monica, muitas pessoas vão para a terapia em busca de segurança e aprovação. Relembrando as palavras do dr. Bowen, tentei o máximo que pude não assumir esse papel. Monica tinha de aprender a se tranquilizar sozinha, e eu não poderia fazer isso por ela. Quando ela irrompia em lágrimas, eu não lhe assegurava que tudo ia dar certo. Não lhe oferecia soluções quando ela insistia que não tinha a menor ideia do que fazer. Em vez disso, tentei o possível para transmitir a ela o quanto eu estava interessada em saber o que ela estava pensando. Em uma sessão, quando ela estava em seu décimo lenço de papel, olhei para ela e disse: "Estou muito curiosa para ver como você vai descobrir a solução para tudo isso." Ela pôde ver que eu a estava acompanhando em todo o processo, mas que cabia a ela dar as respostas. Que o pensamento dela era tão valioso quanto o meu, se não mais. E sabe o que aconteceu? Ela passou a se interessar por ela mesma também. Em vez de se maltratar, ficou curiosa quanto a seus comportamentos e sua ansiedade. Manteve um diário com as observações, e estava sempre querendo compartilhar comigo. Estava olhando para sua vida com a curiosidade de um pesquisador e não com a desaprovação de um crítico.

Eu realmente acredito que o contrário da ansiedade é a curiosidade. Se eu consigo ficar curiosa quanto a meus clientes na terapia, eles frequentemente farão isso melhor ainda. Se eu interferir e tentar consertar as coisas, estarei comunicando que eles não são capazes de resolver o problema sozinhos, que seu pensamento não é útil e que deveriam tomar o meu emprestado. Se eu ficar mais preocupada em tranquilizar tudo, em vez de deixar uma pessoa assumir a responsabilidade por si mesma, estaria reagindo em vez de responder, e estaria agindo igual a Monica, tentando fazer todo mundo feliz.

Armada com curiosidade em vez de culpa ou vergonha, Monica começou a perceber quando começava a agir com ansiedade. Para não se esquecer de se acalmar e pensar, pendurou em seu quarto um cartaz enorme que dizia: "Não é um incêndio!". O cartaz a fazia rir, e o riso é às vezes o melhor antídoto para a ansiedade. Lentamente, estava reassumindo o controle. Ainda irrompia em lágrimas quando seu chefe lhe enviava um e-mail com um *feedback* negativo, mas agora preferia sair para correr em vez de reclamar com um colega de trabalho. Seu pai ficou zangado quando ela reatou a relação com o irmão, mas ela começou a acreditar que o pai estava errado – não havia vilões em sua família. Sua frequência cardíaca disparava quando um amigo a criticava, mas ela fazia inspirações profundas e mantinha-se firme em vez de enviar vinte mensagens pedindo desculpas.

Monica começava a sentir o gostinho de experimentar a diferenciação, ou, como se diz, de "ser o seu *eu*". Aprendeu que progresso não significava ausência total de ansiedade. E sim a capacidade de decidir como responder a ela, e a capacidade de ser madura quando a enfrentasse. Monica estava escolhendo a vida que queria e estava escolhendo uma vida na qual não só era possível sobreviver à decepção, à discordância e até mesmo ao fracasso; estava escolhendo uma vida na qual poderia progredir em meio a todos eles.

Suas perguntas

Observar:
- Quando é difícil separar meus pensamentos de minhas emoções?
- Em quais relacionamentos é difícil diferenciar meu pensamento do pensamento dos outros?
- Quando minha ansiedade vê perigo onde não existe nenhum?

Avaliar:

- Como responder a um perigo imaginário que afeta negativamente a minha vida?
- Que tipo de respostas ponderadas eu gostaria de ter em situações de ansiedade?
- De quais aprendizados eu gostaria de me lembrar quando estou querendo reagir em vez de responder?

Interromper:

- Como posso conviver com o desconforto de não permitir que meu piloto automático administre minha ansiedade?
- Como eu gostaria de trabalhar para distinguir pensamentos de emoções?
- De quais experiências ou pessoas eu preciso dispor para trabalhar minha capacidade de diferenciação?

Sua prática

Fazer amizade com sua ansiedade quer dizer prestar atenção às coisas insanas que ela vai lhe dizer. Tente dar um nome à sua ansiedade (a minha se chama Carl) e escreva uma carta a você mesmo cujo remetente fosse sua ansiedade. Por exemplo: "Querida Kathleen, sou sua ansiedade. Deixe-me contar todas as coisas que podem dar errado hoje!". Leia o que ela tem a dizer e depois, calmamente, escreva uma carta em resposta usando o seu melhor pensamento e se focando nos fatos. Quando você se tornar um correspondente de sua ansiedade, poderá descobrir que ela é apenas uma amiga nervosa que, na verdade, leva em conta os melhores interesses em relação a você. Mas isso não significa que você deve sempre levar em consideração o que ela diz.

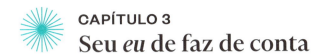

CAPÍTULO 3
Seu *eu* de faz de conta

"Eu preciso que gostem de mim? Absolutamente não. Eu gosto que gostem de mim. Curto o fato de gostarem de mim. Tenho de sentir que gostam de mim, mas não é uma necessidade compulsiva de que gostem de mim, como a necessidade que tenho de ser elogiado."

MICHAEL SCOTT, em *The Office*

Talvez você esteja lendo este livro e tenha pensado "já juntei todas as peças, Kathleen. Estou apto à diferenciação. Minha ansiedade não está no comando". Se é assim, ESTÁ SENTADO, MEU FILHO? Porque estamos prestes a descobrir a verdade. Neste capítulo, vou falar sobre as maneiras pelas quais fingimos que estamos bem. Porque às vezes somos tão bons em aparentar uma falsa calma que somos capazes de enganar até a nós mesmos.

Adam começou sua terapia quando Donald Trump tornou-se presidente. Não por sentir desconforto com Trump, como a maioria em Washington, mas porque perdeu seu emprego quando a administração mudou. Adam tinha 25 anos e tinha escolhido uma carreira na política depois de ter se apaixonado pela série televisiva *The West Wing: Nos bastidores do poder*. Tinha cursado as melhores universidades, conseguiu ótimos estágios e aterrissou num bom emprego na administração Obama. Mas o fluxo de sucesso de Adam descarrilou quando teve de deixar seu emprego no dia da posse de Trump, em 2017. Meses depois, ainda desempregado, tinha de se esforçar para sair da cama pela manhã. Tomava banho poucas vezes na semana e só se sentia bem nos dias em que sua parceira estava por perto. Adam estava deprimido e não sentia motivação para continuar se candidatando a empregos.

Quem encontrasse Adam em seu antigo emprego veria um jovem impressionante, emocionalmente maduro. Um homem capaz de permanecer calmo e lúcido sob pressão. Então, como é que acabou tão carregado de ansiedade e coberto de farelo de Doritos no sofá?

Voltemos ao conceito de diferenciação. Quando o dr. Bowen estava pensando sobre o que ajudava algumas pessoas a serem mais aptas à diferenciação do que outras, ele notou que não se pode julgar exatamente uma pessoa por seu desempenho exterior. Parecia que as pessoas tinham dois *eus* que influenciam seu comportamento. Um *eu* sólido, que consistia nas verdadeiras crenças, nos valores e nas aptidões das pessoas. E depois havia um pseudo*eu*, que é a parte negociável da pessoa. O pseudo*eu* é suscetível à pressão de um relacionamento - seu modo de agir depende de quem está naquele momento no mesmo recinto. Talvez você seja um líder eficaz no trabalho, mas vira um pirralho quando no meio de seus irmãos. O pseudo*eu* também pode fazer com que pareçamos mais hábeis para a diferenciação do que realmente somos. Ele pode simular uma falsa maturidade, força, e até mesmo tranquilidade.

Incentivos do pseudo*eu*

Pseudo*eu*

O desempenho diário e o humor de Adam eram insuflados por suas realizações e sua posição num emprego na Casa Branca. Em sua cidade natal, as pessoas o tratavam como se fosse um astro do rock. Seus pais gostavam de contar vantagem sobre ele. Todos os títulos, elogios e atenções, ou o que eu chamo de incentivos do pseudo*eu*, o mantinham calmo e apto. Mas quando eles desapareceram, seu desempenho entrou em parafuso.

Incentivos do pseudo*eu*

Quando usamos os incentivos do pseudo*eu* para nos definir, estamos depositando um enorme poder nas mãos dos outros. É perfeitamente humano sentir-se bem quando ganhamos uma promoção ou gabaritamos um teste, mas essas coisas não necessariamente constroem uma noção mais sólida do *eu*. Podem diminuir a ansiedade, mas apenas temporariamente. Assim, passamos a ter cada vez mais necessidade disso, como se fossem uma droga. Essa dependência dos outros é chamada de "eu emprestado". Somos rápidos em tomar emprestado confiança e tranquilidade de quem nos rodeia, quando nós mesmos não conseguimos criá-las.

Em todo relacionamento ocorre empréstimo e partilha do *eu*. Tomamos emprestado de outros tranquilidade, ou capacidades, e também as emprestamos a eles. Mas o ato de tomar emprestado em demasia nos deixa vulneráveis à ansiedade, à depressão e a outros sintomas. Quando concedemos a outras pessoas o poder de elevar nosso desempenho, estamos concedendo também o poder de nos fazer murchar como um castelo inflável.

É fácil supor que pessoas com alto nível profissional ou sucesso na formação educacional têm um nível mais alto de diferenciação. Mas, como Adam, existe muita gente bem-sucedida cujo humor vai subir e despencar como uma montanha-russa dependendo da presença ou da ausência de elogios e aprovação. Alguém que tenha um chefe admirador pode subir como um foguete em sua carreira, mas quando esse chefe vai embora, ele pode ficar deprimido. Há quem, ao ser abandonado pelo cônjuge, perde toda a definição do próprio *eu*. Um estudante que só tirou nota dez pode, após se graduar, descobrir que nunca desenvolveu a aptidão para dirigir a si mesmo. Isso acontece quando deixamos que muito de nossa autovalorização dependa de variáveis que estão fora de nosso controle.

Frequentemente, pessoas vêm à terapia angustiadas porque é seu pseudo*eu* que está no comando. Alguma mudança ou evento estressante ocorreu e o que quer que estivesse alimentando sua percepção de autovalorização desapareceu. Elas descobrem que não têm a capacidade de se tranquilizar ou de confiar em seu próprio pensamento. Embora possa ser tentador sair em busca e achar uma nova pessoa ou uma nova realização brilhante para fazer com que você se sinta melhor, essa pode ser a hora ideal para trabalhar em sua capacidade de pensar por si mesmo e se tornar mais hábil na diferenciação.

Quando eu trabalhava com Adam, nós conversávamos sobre quais tinham sido as variáveis exteriores que ele usou para incrementar seu desempenho. Adam viu como tinha se valido da energia positiva de sua parceira para ganhar uma pseudoforça. Tinha usado seu cargo e o reconhecimento dos outros para adquirir uma pseudoimportância. Quando não os tinha mais, começou a usar televisão e maconha para acalmar sua ansiedade. Mas isso só o fez ficar mais deprimido, e ele quis ter estratégias melhores. Adam estava ciente da fragilidade de seu pseudo*eu*, e agora estava querendo construir um que fosse mais sólido.

Assim como Adam, todos nós temos meios para administrar nossos medos de rejeição, decepção e fracasso. Para muitas pessoas, especialmente as de grande sucesso, o modo de restringir a ansiedade é se agarrar a narrativas sociais sobre o sucesso. Quando estamos operando no modo do pseudo*eu*, nossas crenças são negociáveis, e assim tendemos a adotar as que permeiam a cultura a nossa volta. Na sociedade norte-americana, uma das narrativas mais comuns é a de que os humanos deveriam funcionar como empresas. Temos de estar sempre realizando mais, aumentando nossa renda e, no mínimo, nos equiparando a nossos vizinhos. Frequentemente não nos damos o trabalho de usar nosso próprio raciocínio intelectual para considerar se esse modelo é o certo para nós, ou se é sequer realista. Mas quando começamos a desenvolver e testar alguns de nossos próprios pensamentos, nosso *eu* sólido começa a funcionar em lugar do pseudo*eu*. Estamos pisando em terra firme.

Construindo o *eu*

Frequentemente tentamos diminuir a ansiedade buscando os *A*'s: *atenção*, *asseguramento*, *aprovação* e *anuência*. Mas quando você está focado nas reações dos outros, seu cérebro torna-se um território do pseudo*eu*. Resta pouco espaço para aquilo em que você de fato acredita e valoriza. Para tomar de volta esse território, você precisa repor o foco em si mesmo e aprender a separar pensamento de sentimento. Tem de manter o contato com as pessoas, mas tente não depender demais delas para se reafirmar. Quando recuperamos em forma de benefício o esforço que fizemos na busca dos *A*'s, subitamente temos mais energia para trabalhar em objetivos e no alívio do *eu*. E também vamos usufruir mais de nossos relacionamentos.

Como construir um *eu* em vez de tomar um *eu* emprestado:
- Respire fundo e relaxe o corpo antes de responder a um desafio.
- Faça uma lista de suas possíveis escolhas ou respostas.
- Tente resolver um problema antes de pedir a alguém que o faça.
- Pratique a avaliação de seu próprio trabalho antes de pedir a opinião de alguém.
- Reserve algum tempo para definir suas próprias crenças e seus próprios valores.

Quando Adam conseguiu ver como seu pseudo*eu* o estava deixando imerso em problemas, começou a manter o foco em si mesmo e a desenvolver sua própria maneira de se avaliar. Começou a registrar seus pensamentos negativos em diários e observou algo interessante. Ao pensar que o fato de estar desempregado o desvalorizava, Adam estava tomando emprestada do mundo a noção do que é o sucesso. Ele certamente não achava que outras pessoas que não tinham empregos impressionantes eram desprovidas de valor. Então por que estava fazendo dele mesmo uma exceção a essa regra?

Adam decidiu que precisava conceber uma definição mais clara de sucesso. Como estava deprimido, precisava de um modo mais gentil e mais objetivo de avaliar seu progresso. Assim, durante um tempo, ele definiu que seria um sucesso pedir ajuda e cuidar de si mesmo. Reuniu coragem para marcar uma consulta com seu psiquiatra e descobriu que antidepressivos ajudavam a evitar que seu humor oscilasse descontroladamente. Ele registrava quando entrava no chuveiro, quando saía de casa, quando ia para a academia. Assim, quando a ansiedade lhe dizia que não estava fazendo nada, Adam podia voltar à sua lista e se manter focado nos fatos. Ele praticou também como gerenciar sua própria angústia antes de se valer de sua parceira ou seus pais para lhe assegurarem que tudo estava indo bem.

Lenta mas seguramente, Adam estava aprendendo que não tinha de se apoiar na aprovação de outras pessoas para saber que estava no caminho certo. Era perfeitamente capaz de ser objetivo e estava se dando conta de que sua definição de "caminho certo" não tinha de soar como um show de Aaron Sorkin.[4] Haveria momentos na vida em que ele não teria a atenção que queria, mas seu estado de espírito e sua autovalorização poderiam sobreviver e até prosperar.

Se você passar muito tempo tomando seu *eu* emprestado das pessoas à sua volta, vai saber que os pontos altos de sua montanha-russa de apreço não vão compensar os baixos. Se você está cansado de fingir que conta com esse apreço o tempo todo, considere a possibilidade de diminuir a busca por aprovação e reservar algum tempo para definir o que realmente é importante para você. Examine quais definições de sucesso você tomou emprestadas do mundo sem usar seu próprio cérebro. Considere como se baseou nas reações de outras pessoas para avaliar seu próprio valor. Tudo isso pode ajudá-lo a construir uma noção mais

---

4 Roteirista, dramaturgo e produtor de shows de televisão norte-americana.

sólida do *eu*. Com um *eu* mais sólido, você será capaz de perseguir suas verdadeiras paixões, construir relacionamentos autênticos e saber em que você realmente acredita neste mundo ansioso.

Suas perguntas

Observar:
- Quais realizações ou pessoas eu usei para elevar meu próprio humor e minha noção do *eu*?
- Quando foi que meu humor ou meu desempenho se elevaram na presença de incentivos do pseudo*eu*? Quando foi que caíram?
- Quando foi que me foquei mais na busca de amor e de elogios do que em desenvolver minhas próprias crenças e interesses?

Avaliar:
- Como eu uso a aprovação ou a reafirmação dos outros para administrar minha ansiedade?
- Quando meu pseudo*eu* não reflete minhas atuais crenças e valores?
- De quais aprendizados eu gostaria de me lembrar quando quero usar os outros para me tranquilizar?

Interromper:
- Em quais relacionamentos e situações eu poderia interromper o ato de "emprestar o *eu*"?
- Como posso assumir mais responsabilidade por minha própria percepção do *eu*?
- Como posso continuar trabalhando para funcionar com menos pseudo*eu*?

Sua prática

Pegue uma folha de papel e desenhe uma parede de tijolos. Rotule cada tijolo com uma realização, um título ou uma experiência que o ajudou a construir a sua percepção do *eu*. Olhe para essa estrutura e pergunte a si mesmo quantos desses tijolos dependem das respostas de outras pessoas a você. Quais tijolos correspondem a suas paixões e seus interesses intrínsecos? Correr dez mil metros é algo que está totalmente sob seu controle, mas você não pode controlar o número de pessoas que vão curtir seu post no Facebook sobre a corrida. Como você poderia começar a construir um *eu* menos focado no reconhecimento dos outros?

CAPÍTULO 4
Definindo a si mesmo

"Leis e princípios não são para tempos em que não existem tentações: são para momentos como este, quando corpo e alma erguem-se num motim contra seu rigor... Se, por minha conveniência individual eu puder transgredi-los, qual seria seu valor?"

JANE, em *Jane Eyre*, de Charlotte Brontë

No ano em que Carmen completou 35 anos, apareceu uma erupção esquisita em seu braço. Ela estava ocupada demais com seu trabalho para ir ao dermatologista, assim apenas a escovou. Digo escovou *literalmente*, pois a erupção era terrivelmente escamosa. Mas depois ela começou a ficar cansada o tempo todo e achou mais manchas esquisitas na pele. Quando seu cabelo começou a cair, ela entrou em pânico. Seu médico fez alguns exames, e não demorou para ela saber que estava com lúpus.

Quando Carmen veio me ver três anos depois, ela não sabia se teria tempo para terapia. Seu emprego na área de gerenciamento de crise era altamente estressante, e ela queria aproveitar o pouco tempo que tinha para ficar com seu parceiro e seus amigos. Mas Carmen tinha dificuldade de conversar com as pessoas sobre sua doença crônica. Desde o diagnóstico, estar com a família tinha sido, particularmente, motivo de ansiedade. Carmen tinha os pais e duas irmãs mais velhas, e sempre brigava com elas quando ia visitá-los nos feriados. "Elas me tratam como se eu estivesse desamparada. Minha mãe quer que eu volte para casa, na Califórnia. Não conseguimos passar 48 horas sem acabar gritando uma com a outra."

Carmen também evitara ter uma conversa honesta com seu chefe a respeito de seu diagnóstico. Nos dias em que se sentia cansada, chegava tarde no trabalho, mas mentia quanto aos motivos. "Não quero que pareça que não posso dar conta", ela disse. "Mas sinto que minha vida agora é uma peça quadrada que estou tentando enfiar num buraco redondo. Algo tem de mudar. Não quero ficar ainda mais doente por não conseguir desacelerar."

No capítulo 3 discorri sobre como pessoas não se dão ao trabalho de definir a si mesmas até seu suposto *eu* receber um golpe. Isso acontece frequentemente quando as pessoas passam por um acontecimento inesperado na vida. Após uma certa medida de estresse não conseguimos mais nos ajeitar com nosso funcionamento automático. Você já começou a pensar em todas as vezes e maneiras em que conseguiu ter tranquilidade e confiança tomando-as emprestadas de outras pessoas? Em forma de vícios ou de distrações? Como é que se pode exatamente construir um senso mais sólido do *eu*?

A esta altura você deve estar dizendo: "Por favor, Kathleen, apenas me dê as ferramentas para isso!". As pessoas amam ferramentas. As pessoas vêm para a terapia e a primeira coisa que sai de sua boca é "preciso de ferramentas!". Mas você estaria apenas tomando soluções emprestadas de mim, então qual seria a diferença? Esta é a questão no que tange a definir a si mesmo - somente você pode fazer isso -, mas posso lhe contar como foi com Carmen.

Em que você realmente acredita?

Hora das perguntas. Você se lembra dos dois componentes da diferenciação?

1. A capacidade de separar pensamentos de sentimentos.
2. A capacidade de separar seus pensamentos e sentimentos dos de outra pessoa.

Há um componente individual e um componente relacional no fato de ser uma pessoa mais apta a diferenciação. Assim, faz sentido dizer que a ação de construir um *eu* mais sólido, menos suscetível à ansiedade, significaria que você estará trabalhando em si mesmo e trabalhando em si mesmo *nos relacionamentos*. Se precisa de uma metáfora esportiva para isso, pense que está aprendendo pela primeira vez a arremessar uma bola de basquete para fazer uma cesta de três pontos, e depois que está arremessando com alguém marcando você. Você tem de *pensar* como um indivíduo, e depois tem de *pensar e agir* como um indivíduo sendo marcado por outra pessoa.

O segundo passo é o verdadeiro teste, mas você não conseguirá dá-lo antes de completar o primeiro.

No capítulo anterior, falamos sobre como seu pseudo*eu* vai adotar muitas crenças e ideias de outras pessoas sem pensar muito nelas. Então, para construir um *eu* mais sólido, você tem de começar a pensar sobre em que você *realmente acredita*, não em que você acredita quando lhe é conveniente, ou quando aquilo parece ser bom, ou quando é o contrário do que Ted do escritório pensa porque você odeia esse cara! Crenças verdadeiras não têm a ver com conformidade ou rebeldia. Não têm a ver com quem está neste recinto agora. Crenças verdadeiras são aquelas que você pensa com base em sua própria lógica e seu próprio raciocínio.

Quando pessoas começam a estudar a teoria de Bowen, frequentemente recebem o encargo de escrever um "trabalho sobre crença". Pode ser um trabalho sobre qualquer tema, ou sobre muitos temas. A questão é você começar a pensar naquilo que você valoriza e acredita com base em seu raciocínio intelectual. Quando as pessoas começam a ter esse tipo de pensamento, frequentemente se dão conta de quão pouco tempo têm dedicado a desenvolver seu pensamento próprio. Mas a verdade é que você não é capaz de ter convicções ou crenças sólidas se elas não forem, bem... SÓLIDAS. Crenças frágeis ou pouco desenvolvidas irão sucumbir à pressão das outras pessoas, ao que às vezes é chamado de "pensamento de grupo".

Crenças pouco desenvolvidas levam a:
- Saídas tempestuosas da sala.
- Conformidade com o grupo.
- Rompimento de contato com pessoas que discordam.
- Discussões com pessoas.
- Tentativas de convencer pessoas.
- Mais ansiedade!

O fato de ter crenças bem desenvolvidas e sólidas não significa que elas são rígidas ou dogmáticas. Muitas pessoas descobrirão que suas crenças mudarão com base em novas experiências, em evidência, ou em conhecimento. A chave é que você não as estará mudando apenas para fazer outras pessoas felizes ou para se tranquilizar. É um processo pensado e não automático. Novamente, essa é a diferença entre reagir e responder.

Quando as pessoas começam a trabalhar seu nível de diferenciação, frequentemente querem avançar rápido para a parte em que definem suas crenças para os outros e firmam posição. Mas como você poderá fazer isso sem ter concebido quais são suas crenças? Era nesse ponto que Carmen estava quando veio me procurar. Ela queria ser capaz de definir a si mesma para sua família e para seu chefe, mas não tinha se dado ao trabalho de desenvolver seu próprio pensamento sobre como é viver com lúpus. Não tinha certeza de como seria viver da melhor maneira possível quando a vida inclui uma doença crônica. Não sabia no que acreditava, e pensar sobre isso era até mesmo um pouco assustador.

Esta é a questão no que concerne à definição de suas crenças e seus valores - não dá para fazer isso durante o almoço. Isso leva tempo. As pessoas são ótimas em vir com desculpas de não terem tempo para decidir em que acreditam em relação ao casamento, à carreira, às paixões ou à fé. Mas frequentemente essas são as coisas que dizemos serem as mais importantes para nós. Quando as pessoas param para pensar, geralmente vão descobrir que isso produz ansiedade. É o contrário de se manter atarefado ou se distraindo com Netflix. Mas lembre-se, sentir desconforto quer dizer que você está fora do piloto automático. Quer dizer que está descamando um pouco daquela pele do pseudo*eu*.

Identificando seus princípios

Carmen começou a pensar sobre como queria viver sua vida e o que realmente valorizava. Pensava no que faria seu melhor *eu* em situações desafiadoras. Focava nos fatos de sua doença e não na fantasia de se curar, ou no pesadelo de problemas hipotéticos.

No decorrer do tempo, Carmen começou a cultivar uma sabedoria com base na realidade, que ela evocava quando ficava ansiosa. Anotou algumas instruções que a ajudassem a se manter fora de um ansioso piloto automático - instruções focadas numa tranquilidade a longo prazo e não num alívio a curto prazo. Em outras palavras, estava funcionando com base no que pensava e não em como se sentia.

O dr. Bowen chama isso de "desempenho baseado em princípio". Eis aqui os princípios trazidos por Carmen.

Princípios de Carmen:
- Vou deixar que minha família saiba de minha doença sem tentar tranquilizá-la.
- Vou falar com meu chefe e ser honesta com ele quando precisar de mais tempo.
- Vou fazer uma coisa de cada vez, e não ficar correndo o dia inteiro.
- Vou priorizar minha saúde à vontade de competir com outras pessoas.
- Vou aceitar os cuidados e a atenção de meu parceiro quando necessário.

Quando viu tudo isso por escrito, Carmen constatou o quanto seus princípios eram exatamente o oposto de seus comportamentos ansiosos. Sua ansiedade a pressionava a tranquilizar sua família ou a evitá-la. Dizia a ela que mentisse para seu chefe, que corresse durante o dia inteiro, que ficasse se comparando aos outros e que recusasse ajuda. Não era de admirar que se sentisse tão sobrecarregada. Ao olhar sua lista, ela também foi capaz de ver os desafios que tinha pela frente. Seria assustador fazer coisas que normalmente não faria. Mas seria também fascinante ver o que aconteceria.

No final deste livro você encontrará um espaço para começar a pensar em seus princípios, que lhe servirão de guia. Dependendo dos desafios que vai enfrentar e de como seu pensamento avança, seus princípios poderão mudar com o tempo. Mas é útil começar a considerar se você gostaria de viver a vida de um modo diferente. Princípios podem ajudá-lo a fazer o contrário daquilo que sua ansiedade faria.

Definindo-se nos relacionamentos

Ter princípios soa tão chique e maduro, não é? Algumas pessoas os penduram no espelho ou até mesmo os memorizam. Por enquanto, eu tenho os meus colados na parte de trás de meu telefone. Mas eis o desafio – você tem de seguir seus princípios quando há outras pessoas por perto. Esse é o verdadeiro teste na definição de si mesmo. Porque outros humanos têm seus próprios pensamentos e suas próprias ansiedades. Mudanças não ocorrem no vácuo. Na realidade, nem sequer ocorrem na terapia. Você muda *quando está em um relacionamento* com as pessoas mais próximas de você. O que isso significa?

Significa que você nunca irá mudar se está evitando as pessoas com as quais tem menor separação emocional. As pessoas que realmente são capazes de te provocar. Preciso soletrar para você? S-U-A F-A-M-Í-L-I-A.

Então, agora Carmen tinha o desafio de seguir seus princípios como membro de sua família, como empregada em sua firma e como parceira num relacionamento amoroso. Estava fora do vestiário, em plena quadra do jogo. E teria de tentar não fazer o que normalmente faria, que era discutir com sua mãe ou evitar seu chefe. Resumindo, iria tentar elevar seu nível de diferenciação.

Quando você entra em relacionamentos e tenta fazer algo diferente, as pessoas normalmente não vão gostar. Sua família, ou seu lugar de trabalho, não querem comprometer o equilíbrio que cultivaram para manter as coisas tranquilas. Assim, quando você muda, haverá um aumento temporário de ansiedade no sistema. Às vezes, as pessoas se reajustam rapidamente a seu novo comportamento. Mas muitas vezes, especialmente em famílias com alto nível de ansiedade, as pessoas dirão: "Que droga é essa que você está fazendo? Não é assim que fazemos as coisas! Você não é mais a mesma. Por favor, pare". No entanto, por fim, elas vão se adaptar à nova realidade.

Definindo a si mesmo

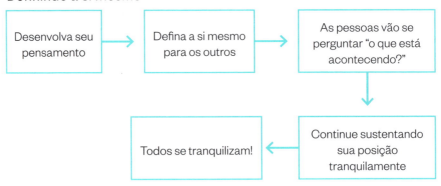

Foi exatamente isso que aconteceu com Carmen. Foi para a casa dos pais nas férias e tentou ser honesta e aberta com sua família. Como esperado, sua mãe a perseguia pela casa, vomitando sua ansiedade em forma de palavras em cima de Carmen. "Como é que você vai manter seu emprego se tiver de ir para o hospital? Tem certeza de que não quer se mudar para cá? Seu plano de saúde é bom o bastante?"

Carmen tentou seguir seu princípio número um: ser honesta sem assumir a responsabilidade pelas emoções da mãe. Tentou *muito*. Mas como todo filho, ela era bem alérgica à ansiedade da mãe. Por fim, Carmen não conseguiu segurar mais e gritou com a mãe. Ambas terminaram em lágrimas.

Aprender a ser você mesmo em sua família dá um bocado de trabalho. Provavelmente você não conseguirá na primeira tentativa, talvez nem mesmo na décima. Mas se conseguir prolongar um pouco mais sem reagir a cada vez, e continuar incrementando sua capacidade de pensar, pode considerar isso uma vitória. E uma menor reatividade no âmbito de sua família se transmitirá facilmente para todos os outros campos da vida.

Assim Carmen continuou treinando. Posteriormente, em outra ida para a casa da família, ela foi capaz de se manter calma quando interrogada. Ouvia as preocupações da mãe, e lhe disse:

"Mãe, estou aprendendo agora a conviver com o lúpus. Não posso ensinar a você como conviver com uma filha que tem lúpus. Você terá de descobrir sozinha."

Carmen não disse isso à sua mãe de maneira maldosa ou mesquinha. Ela simplesmente compartilhou com a mãe seu pensamento.

Gente, isso é o que chamamos de *ser um eu*.

Carmen conseguiu. Ela permaneceu calma e compartilhou o que estava pensando. Interiormente, sentiu como se balões coloridos caíssem do teto. E sua mãe? Ela finalmente viu a luz e se acalmou? Teria dito, "Obrigada, Carmen. Eu precisava ouvir isso"?

Hahaha. Não. Não, ela não fez isso. Ela acusou Carmen de estar sendo fria. Disse, "Eu não estou mais reconhecendo você!". Começou a chorar. Uau.

Mas Carmen estava preparada. Sabia que quando ela se definisse, poderia provocar uma reação forte em sua mãe. E não poderia esperar que sua mãe compreendesse tão rapidamente seu novo modo de pensar. Sua mãe precisava de seu próprio tempo para pensar e se reajustar no novo status quo. A espera por esse reajuste requer muita paciência. É muito fácil cair novamente na imaturidade quando pessoas reagem com ansiedade a nossa nova maneira de funcionar. Mas esse é o verdadeiro teste quando você define a si mesmo.

Com o tempo, a mãe dela se acalmou. Começou a fazer terapia e já conseguia falar da doença de Carmen sem entrar em pânico. Passou a ver que sua filha era capaz de dominar a situação e a tratava de acordo com isso. Da mesma forma, Carmen continuou a tratar sua mãe como se ela fosse capaz de se comportar de acordo.

Essa história tem um final feliz. Mas a ação de definir a si mesmo pode significar que nem sempre as pessoas vão gostar de você por isso, ou aceitar você. Significa, no entanto, que sua percepção de seu *eu* será menos dependente dessa aceitação. Além disso, você sentirá menos ansiedade. E assim como a família de Carmen, as pessoas à sua volta podem também se tranquilizar um pouco. Eu amo quando as pessoas se tranquilizam.

Suas perguntas

Observar:
- Quando eu adoto crenças e valores alheios sem recorrer a meu próprio pensamento?
- Onde foi que minhas crenças pouco desenvolvidas causaram conflito ou aumentaram a ansiedade?
- Em quais relacionamentos está sendo particularmente difícil pensar por mim mesmo, ou comunicar meu pensamento?

Avaliar:
- Quais são os desafios em minha vida para os quais eu gostaria de desenvolver alguns princípios como instruções?

- Como devo arranjar tempo para desenvolver esses princípios?
- Quais são as pessoas ou os recursos que podem me ajudar a desenvolver esses princípios?

Interromper:
- Que comportamentos devo interromper para ser uma pessoa mais hábil na diferenciação?
- Com que pessoas eu deveria aumentar o contato para praticar a ação de definir a mim mesmo?
- Como devo me preparar para a inevitável reação negativa quando eu definir meu pensamento para outras pessoas?

Sua prática

Imagine que uma nave com extraterrestres caiu em seu quintal. Em troca de revelar a você o segredo de viajar à velocidade da luz, eles pedem que você compartilhe com eles os cinco pensamentos mais sábios sobre o que é ser um humano maduro. Que pensamentos você compartilharia com eles? Eles refletem o modo como você funciona em seus relacionamentos com outros humanos? Considere como você pode fazer com que essas instruções operacionais estejam disponíveis para você em momentos de ansiedade.

Façamos uma revisão da Parte I

Nestes quatro capítulos tivemos acesso a muita coisa. Vamos resumir o que aprendemos.

1. **Comece focando em si mesmo.** Se você quer diminuir seu nível de ansiedade, tem de compreender como você a administra atualmente. Mas a ansiedade quer que você continue focado em todas as outras pessoas e no que estão fazendo de errado. Quer que façamos perguntas do tipo "Por quê?" de modo que tenhamos alguém ou algo para culpar. O desafio é começar a tratar você mesmo como se fosse um projeto de pesquisa e notar o que você faz para administrar a ansiedade em si mesmo e em seus relacionamentos.

2. **Pratique separar seu pensamento de seu sentimento.** A ansiedade é muito boa na distorção da realidade e em fazer você perceber ameaças imaginárias. Seu nível de **diferenciação** é sua capacidade de separar seu pensamento de seu sentimento, o que é real do que é imaginário.

3. **Pratique diferenciar seus pensamentos e suas emoções dos pensamentos e emoções dos outros.** Seu nível de diferenciação é também sua capacidade de separar como você se sente e pensa de como outros sentem e pensam. As pessoas com níveis mais baixos de diferenciação são menos separadas emocionalmente de suas famílias, e para elas é mais difícil pensar por si mesmas.

4. **Observe como você toma emprestado dos outros sua conduta.** O pseudo*eu* é a parte de seu comportamento que é cambiável, com base em seus relacionamentos com outras pessoas. Nosso pseudo*eu* pode se basear em variáveis externas para criar uma aparência de força, importância ou tranquilidade; isso coloca nossa conduta e nosso humor nas mãos dos outros, o que nos torna e mantém vulneráveis ao estresse.

5. **Comece por definir suas crenças e seus princípios.** Pessoas que estão trabalhando em seu nível de diferenciação começarão a desenvolver melhor suas crenças e seus princípios orientadores. Querem evitar fazer o que fazem automaticamente para administrar sua ansiedade e querem conduzir a si mesmas por seus próprios pensamentos.

6. **Pratique definir a si mesmo em relacionamentos significativos.** Esta prática de **definir seu *eu*** acontece mediante contato com as pessoas que são significativas em sua vida. Definir a si mesmo pode aumentar temporariamente a ansiedade, mas com o tempo vai atenuar a ansiedade crônica em si mesmo e nos relacionamentos.

Esses passos não são lineares, e de repente, BUM, você conseguiu. A ação de se tranquilizar envolve um processo de uma vida inteira, observando, avaliando e interrompendo mais e mais uma vez. Não se deve nunca subestimar a necessidade de uma observação contínua. É essa chamada para conhecer a si mesmo que realmente vai lhe tranquilizar. Então, é isso que iremos fazer na próxima seção deste livro. Vamos ser mais específicos quanto às maneiras previsíveis de os humanos administrarem a ansiedade em seus relacionamentos. Vamos falar sobre seus pais, sua cara-metade, seus amigos e sua comunidade. Pronto para ficar menos ansioso no meio de todas essas pessoas adoráveis?

Seus relacionamentos ansiosos

CAPÍTULO 5
Sua família

"Penso que uma família disfuncional é qualquer família com mais de uma pessoa."
MARY KARR, *The Liar's Club*

Richard começou a fazer terapia com um curioso dilema: ele tinha uma família. Sob qualquer outro aspecto, Richard estava quebrando todos os mitos da geração *millennial*. Ele tinha um excelente cargo numa firma de estratégia digital. Evitou gastar com canapés de avocados caros e, com isso, economizou dinheiro suficiente para comprar um apartamento num condomínio. Seu relacionamento com o namorado tinha dois anos e estava firme, e ele estava se preparando para pedi-lo em casamento. Mas havia uma pequena questão pendente – a família de Richard estava ansiosa com relação à sua orientação sexual, e ele ainda tinha de apresentar a ela seu namorado.

Para alguém de fora, a família de Richard apresentava uma convincente fachada de calma e tranquilidade. Seus pais estavam aposentados e viviam na Carolina do Sul. Seu irmão mais novo, Kevin, tinha passado os últimos sete anos embromando na faculdade, indo e vindo entre o porão da casa dos pais e uma clínica de reabilitação. Sua irmã mais velha, Katherine, dava-se bem com todo mundo, vivendo a milhares de quilômetros de distância, na Califórnia. E sua avó governava a família de seu Trono de Ferro, em um lar para idosos na mesma rua em que moravam seus pais. Exatamente uma típica família norte-americana.

Todos na família de Richard tinham chegado à concordância implícita de que manter a vovó feliz e resolver os problemas de Kevin seria a melhor maneira de todo mundo ficar bem. Richard tinha quebrado a primeira regra quando, na faculdade, saiu do armário e contou para os pais. Não houve gritos ou recriminações, mas tampouco houve abraços. Apenas um ansioso "Nós amamos você, mas já considerou que isso pode matar prematuramente sua avó?". Os pais de Richard tinham sido evangélicos, assim ele nunca tivera certeza quanto àquilo em que eles acreditavam no que concerne à sexualidade humana. Mas sabia que, para eles, evitar um drama na família era mais importante do que qualquer outra coisa. Assim, sua melhor estratégia para mantê-los calmos tinha sido contar à sua avó que não havia encontrado a garota certa ainda. Mas agora havia um casamento no horizonte, e ele queria que todos os seus familiares estivessem presentes. Evitar o assunto não parecia mais ser uma opção.

Sua família é uma máquina de administrar ansiedade

Se você prestou atenção até agora, vai se lembrar de que os humanos, para sobreviver, têm respostas embutidas à ansiedade. Passamos muito tempo nos fustigando mentalmente por essas respostas e nos beneficiamos quando simplesmente as observamos e nos perguntamos se poderíamos acrescentar alguns comportamentos diferentes e mais maduros a nosso repertório.

Mas quando você se foca apenas no comportamento individual, você deixa escapar o quadro maior. Não vivemos em um vácuo. Somos criaturas sociais e estamos constantemente reagindo a outros seres humanos. Na Parte I do livro vimos como se focar em si mesmo. Mas na Parte II você vai fazer um *zoom out* e praticar focar em si mesmo no contexto desses sistemas maiores de relacionamento. Assim como nossos *eus* individuais, esses sistemas maiores também fazem o melhor que podem para administrar a ansiedade e manter as coisas relativamente calmas.

Seu sistema de relacionamento mais básico é sua família. Por que temos famílias? Por que não surgimos na vida já totalmente formados e prontos para seguir em frente, como milhares de minúsculos cavalos-marinhos que explodem do ventre do pai? Isso seria fantástico. Infelizmente, não somos capazes de sobreviver a nosso próprio nascimento e precisamos de nossos colegas humanos para resolver problemas e gerenciar o estresse. A maioria de nós pensa que nossas famílias são fábricas que despejam ansiedade, mas a verdade é que elas são feitas para reduzir a ansiedade. Famílias são máquinas de administrar ansiedade e fazem isso notavelmente bem na maior parte do tempo.

Se você quer ser um exímio observador de seus próprios comportamentos ansiosos, precisa considerar o modo como sua família funciona, ou o que o dr. Bowen chama de processo emocional. Felizmente, você não precisa de um diploma em terapia familiar para fazer isso. Famílias são notoriamente nada criativas em como administrar o estresse. Na realidade, só utilizam umas poucas estratégias, e uma vez que você as tenha aprendido, são fáceis de identificar. Identificar essas estratégias pode ajudar você a estar um pouco mais livre para escolher como quer agir, mesmo quando sua irmã pega seu carro "emprestado", ou sua mãe lhe pergunta se vai ficar solteiro para sempre. Vamos dar uma olhada nelas.

Estratégia #1: distância

Evitar pessoas como se fossem uma peste continua a ser em toda família a estratégia mais comum para lidar com a ansiedade. Essa distância pode ser física, como a da irmã de Richard, quando se mudou para o outro lado do país, ou como a decisão dele de só visitar uma vez por ano. Mas pode ser também a ausência de uma real comunicação, conhecida como distância emocional. Richard estava emocionalmente distante da avó, porque nunca falava com ela sobre sua vida pessoal, e de seu irmão, porque eles só conversavam sobre basquete universitário.

Eis aqui algumas outras maneiras pelas quais você pode usar a distância para administrar a ansiedade em sua família:

- Agarrar-se a temas superficiais nas conversas.
- Enviar e-mails ou mensagens de texto em vez de falar pessoalmente.
- Planejar uma programação completa para manter todos ocupados.
- Deixar a TV ligada durante as reuniões da família.
- Trabalhar durante muitas horas.
- Beber ou se drogar.

É importante notar que distância não é uma coisa boa ou ruim. É uma força que está sempre presente, e não a usaríamos se ela não funcionasse tão bem durante boa parte do tempo. Quem de nós nunca fingiu estar totalmente fascinado pelo futebol no Natal ou virou um *shot* antes do bar mitzvá de um primo? Mas em algum momento vamos ter de interagir com as pessoas que nos deixam ansiosos. Talvez precisemos falar sobre decisões difíceis, em vez de falar sobre o quanto tem chovido. Talvez tenhamos de desligar a TV passando *The Price Is Right* e dizer ao vovô que não vamos cursar a escola de economia e negócios. Às vezes precisamos dizer às pessoas o que pensamos e em que acreditamos, o que é realmente importante para nós, ou quem realmente somos. E se só estivermos usando a distância, então nossa capacidade de lidar com a ansiedade vai ser muito limitada.

Quando você pratica ficar menos distante de sua família, você começa a se imunizar um pouco mais contra a ansiedade. Sabe o que acontece frequentemente quando você se vacina? Você recebe uma pequena dose da doença de forma atenuada, de modo que seu corpo começa a produzir anticorpos. Você é posto em contato com a doença, e com isso ficará mais preparado para lidar com ela no futuro. Assim, se lhe for útil pensar em sua tediosa tia como se fosse um caso de rotavírus, faça isso, com certeza.

Richard usou a distância como meio de administrar a ansiedade em relação à sua orientação sexual. Ele não visitava a família com frequência, e quando falava com a avó era sempre sobre o clima ou o trabalho. Richard queria sentir-se menos inseguro quando chegasse a hora de falar de sua vida pessoal, mas não estava adquirindo muita prática. Só tocava no assunto com seus pais quando sua irmã estava presente para funcionar como um amortecedor. Para se tranquilizar, ele teria de temporariamente aumentar a ansiedade, compartilhando aspectos de sua vida. Para consolidar seu *eu* na família, teria de trabalhar em seu relacionamento individual com cada um de seus membros, inclusive sua avó.

Estratégia #2: conflito

À primeira vista, brigar parece mais um modo de causar ansiedade do que de administrá-la. Mas pense bem a respeito. Famílias humanas tiveram milhões de anos para evoluir, e ainda estamos brigando para ver quem vai ficar com a luminária da tia-avó Mary. Deve ter algo por trás do conflito, não?

Um conflito pode tranquilizar você temporariamente numa situação de ansiedade. Se eu estiver convencido de que você está errado e de que você é quem precisa mudar, então poderei relaxar um pouco. Eu posso estar me sentindo inseguro, e de repente sinto como se tivesse resolvido a questão, e é você quem precisa fazer terapia. É sério, vá fazer terapia, Brenda!

Se perguntar a alguém o que causa conflito numa família, algumas respostas serão mais comuns:

- Religião.
- Política.
- Dinheiro.
- Sexo.

Talvez seja difícil acreditar nisso em nosso atual ambiente social e político, mas esses assuntos não causam necessariamente conflito. É a reatividade emocional, ou o que o dr. Bowen chama de imaturidade, com que abordamos esses assuntos que permite que surja o conflito. Para reduzir o conflito não temos de fazer com que todos entrem em concordância. Simplesmente temos de administrar nossa reatividade. Resumindo, você tem de ser mais maduro e desligar esse piloto automático que faz com que você mostre suas garras.

Além da sexualidade, o dinheiro era o tópico que suscitava imaturidade na família de Richard. Ele e sua irmã, Katherine, queriam que seus pais parassem de dar dinheiro para o irmão caçula, Kevin, porque acreditavam que isso sustentava o seu vício. Também achavam que isso era injusto com eles, porque eles nunca arranjaram problemas. No outro lado do conflito, os pais de Richard estavam preocupados que seu filho fosse acabar no necrotério se não ficasse em segurança no porão deles. Preso no meio desse conflito, Kevin simplesmente desaparecia sempre que o assunto vinha à tona. Assim, dá para imaginar quantas emoções havia nessas conversas – medo, raiva, constrangimento, frustração e ciúme estavam presentes e impediam todos de se acalmarem e resolverem o problema.

Para evitar entrar em conflito, Richard teria de ser capaz de fazer duas coisas. Tinha de prestar atenção em como cada um reagia com ansiedade quando vinha à tona a questão do dinheiro. Também tinha de observar como sua própria imaturidade ajudava a perpetuar o conflito, em vez de simplesmente culpar os pais ou o irmão por tomarem decisões ruins.

Estratégia #3: triângulos

Famílias são teias emaranhadas de comunicação. Quando a tensão entre duas pessoas está alta, isso respinga em outros relacionamentos. Puxamos pessoas para dentro do conflito querendo ter aliados, confidentes e mensageiros. Quando usamos uma terceira pessoa para administrar a ansiedade ou a tensão, isso se chama triângulo. Triângulos são tão comuns em famílias que uma vez que você comece a procurá-los, vai perceber que estão em toda parte.

Triângulos podem se manifestar como:
- Fofocar sobre alguém.
- Desabafar suas frustrações.
- Pedir a alguém que retransmita mensagens.
- Pedir a alguém que reúna informação.
- Tomar partido em discussões.
- Trazer alguém como amparo para uma reunião.

A família de Richard estava cheia de triângulos. Katherine o convocava quando estava brigando com a mãe. Sua avó pedia que ele falasse com Kevin para que terminasse a faculdade. Richard tentava convencer seus pais a contar para a avó que ele era gay. Onde quer que se olhasse, as pessoas estavam usando outras como intermediárias para evitar conversas difíceis. Apoiavam-se em triângulos quando as relações diretas de pessoa para pessoa eram fracas, distantes ou difíceis.

Quanto mais estresse havia na família, mais triângulos eram ativados. Richard notou que, na sua vida amorosa, estava num triângulo com sua mãe e sua irmã. Ele ficava zangado quando sua mãe dizia algo indelicado. Enviava então uma mensagem à sua irmã, reclamando, e ela deixava uma mensagem de voz furiosa para a mãe. Iam dando voltas – o triângulo era um band-aid que não ajudava nenhum deles a ficar mais maduro.

O triângulo

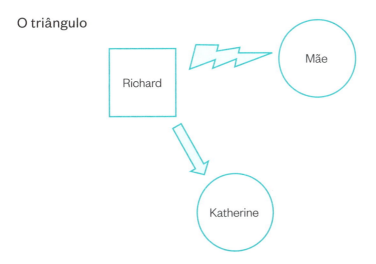

Estratégia #4: superfuncionamento e subfuncionamento
Frequentemente, em famílias ansiosas, uma pessoa assume mais responsabilidade quando outra parece ser menos capaz de fazer isso. Isso resulta numa espécie de zigue-zague dinâmico conhecido como superfuncionamento e subfuncionamento. Acontece geralmente em casamentos, mas crianças também podem *superfuncionar* para seus pais, ou irmãos entre si. Aquele que *subfunciona* ganha o rótulo de cônjuge-problema, ou criança-problema, mas cada um desempenha um papel nessa dinâmica.

Na verdade, às vezes é simplesmente mais fácil fazer algo por alguém do que observá-lo tentar realizar a tarefa. Se não acredita em mim, é porque um parente nunca lhe pediu que o ajudasse a instalar algum item de tecnologia. Também é mais fácil aparentar incapacidade quando alguém pode simplesmente fazer as coisas por você. Afinal, por que aprender a calcular o imposto de renda quando isso traz tanta alegria ao papai? É espantoso como a presença de outro membro da família é capaz de disparar essas diferentes respostas.

Richard pôde observar sua família e ver como frequentemente sua mãe era quem *superfuncionava*. Ela era um tornado em forma de mulher, constantemente limpando a casa e alimentando todo mundo. Ela preencheu o formulário de proposta de emprego para Kevin quando ele alegou que estava sem ânimo para isso. Ela instruía todo mundo quanto ao que dizer à vovó quando tinham de mentir para ela. Richard admitia que era mais fácil para ele *subfuncionar*, deixando sua irmã no comando das coisas. Outras vezes ele imitava a mãe, tratando seu irmão e seu pai como se fossem menos capazes de lidar com a situação.

Considerando todas as estratégias que sua família empregava para administrar a ansiedade, Richard via sua família funcionando como no jogo Twister. Todos se contorciam por cima e em volta da mãe. E não ia demorar muito para tudo acabar desabando.

Tranquilizando-se no âmbito familiar

Compreender essas quatro estratégias pode ajudar você a ver sua família como uma máquina de administrar ansiedade. Quanto mais você considerar a distância, o conflito, os triângulos e o *super/subfuncionamento* como respostas naturais e até mesmo adaptativas à ansiedade, mais difícil será culpar sua família ou rotular alguém como sendo o problema ou o vilão da história. E quando não há vilões, você será menos reativo e agirá de maneira mais neutra. Compreenderá que cada um desempenha um papel no drama familiar, e a única pessoa que você é capaz de controlar é você mesmo. Se mudar uma única variável, você estará mudando toda a equação.

Richard e eu conversamos sobre como ele poderia observar melhor sua família se começasse a ligar mais e ir visitá-los com mais frequência. Não precisaria no início fazer nada diferente, apenas prestar atenção e fazer algumas anotações. Após uma dessas viagens, eis o que ele notou:

Distância: Mantenho distância de minha avó não mencionando minha vida pessoal.

Conflito: Provoco conflito dizendo a meus pais que eles têm de parar de dar dinheiro a Kevin.

Triângulos: Crio um triângulo quando desabafo com minha irmã sobre meus pais.

Superfuncionamento/subfuncionamento: Eu *superfunciono* quando dou sermões a meu irmão. *Subfunciono* quando peço a minha mãe que fale com vovó por mim.

Nunca será exagero acentuar como a observação é importante quando se trata de baixar o nível de ansiedade em sua família. Frequentemente as pessoas vão se envolver nisso e tentar mudar a si mesmas (ou os outros!) sem ter uma boa noção de como funciona sua família. A verdade é que você não é capaz de reduzir sua reatividade em sua família, pelo menos não com apenas sua força de vontade. Mas a observação faz disparar aquela exclusivamente humana parte frontal de seu cérebro, que prevalece sobre aqueles instintos de brigar, imobilizar-se, fugir ou ficar angustiado.

Dando a si mesmo um tempo para interagir com sua família, observar o processo emocional e listar suas observações, Richard tinha um roteiro para trabalhar sua ansiedade e ser uma pessoa mais apta à diferenciação em sua família. Ele apenas teria de estar em contato com as pessoas e *não fazer* aquilo que normalmente faria.

Os princípios da família de Richard

- **Criar uma ponte sobre as distâncias:** Posso tentar me abrir com minha avó quanto a meu relacionamento sem administrar a reação dela.
- **Reduzir o conflito:** Posso tentar ser mais neutro quando minha família diverge sobre como ajudar Kevin. Posso prestar atenção no que cada um pensa e depois também compartilhar meu próprio pensamento.

- **Evitar triângulos:** Posso tentar construir um relacionamento de pessoa para pessoa em meu núcleo familiar, em vez de fofocar ou desabafar minhas frustrações com Katherine.
- **Funcionar por mim mesmo:** Posso tentar dar um passo atrás e deixar que as pessoas assumam suas próprias responsabilidades. Também posso tentar assumir a responsabilidade por mim mesmo quando é tentador deixar minha mãe ou Katherine fazerem as coisas por mim.

Essa lista é madura pra caramba. Nenhuma dessas tarefas é simples. Se você se lembra da história de Carmen, no capítulo 4, sabe que mudar seu comportamento vai causar um aumento temporário de sua ansiedade antes que as coisas finalmente se tranquilizem. A mãe de Richard poderia se arrepiar toda com sua recusa a gerenciar o problema de Kevin. Se ele saísse do armário para a avó, ela poderia desligar na cara dele e parar de ligar para falar sobre a concentração de pólen no ar. Mas Richard estava preparado para dar uma sacudida nas coisas.

Algumas pessoas não deveriam simplesmente evitar suas famílias?

Quando se tomou conhecimento da teoria de Bowen, uma das primeiras objeções foi que há algumas pessoas que você simplesmente não deveria ter em sua vida. A ideia de incrementar o contato com elas soava pouco saudável, ou até mesmo perigosa.

Mas essas ideias não dizem as pessoas o que deveriam fazer em relação à sua família. Elas dizem respeito a interromper o que é automático de modo que as pessoas possam escolher e decidir o que fazer. Frequentemente as pessoas pensam que estão fazendo uma escolha consciente quando na realidade estão repetindo modelos de comportamento multigeracionais. Quando olham para a história de sua família, elas se dão conta de como o corte de relações ou a rivalidade aconteceram repetidas vezes.

Richard olhou a história de sua família e viu muitos exemplos de como parentes que tinham crenças diferentes quanto às normas da família haviam caído fora do radar de todos os outros. Soube que vários dos irmãos de sua mãe não falavam mais com sua avó. Vendo essa história, Richard decidiu que não queria ser mais uma figura perdida em sua família. Embora sua avó e seus pais lhe causassem frustração, ele não se sentia inseguro com eles. Kevin podia ser irritante, mas era uma pessoa divertida e honesta. Richard decidiu que apreciava a presença deles em sua vida e que podia discernir o valor de trabalhar para ser a pessoa mais madura naquele contexto.

E esta, meus amigos, é a definição de diferenciação: estar dentro de sua família e ao mesmo tempo um pouco fora do processo emocional. Você pode ser parte de sua família sem estar no piloto automático. Pode escolher como responder com menos reatividade. É um trabalho duro, mas ele começa quando se aprende a não se surpreender quando a família faz o que sempre fez.

Um pouquinho de liberdade

Richard e sua família não tiveram esse final hollywoodiano no qual cada um torna-se perspicaz e irreconhecível. Imagino que ainda estejam distanciados, brigando, formando triângulos e super/subfuncionando como todos nós, especialmente quando há um alto nível de estresse. O sinal que marcava o sucesso de Richard era simplesmente estar um pouco mais livre desses processos. Assim, toda vez que Richard pegava o telefone a fim de ligar para a família ou voava para lá numa visita, ele lembrava a si mesmo de que não era responsável por como se comportava qualquer membro de sua família. Era responsável por ser ele mesmo, por ser maduro e por compartilhar aquilo que queria compartilhar. E ele queria compartilhar seu namorado com sua avó, porque amava ambos. Assim, foi isso que fez. E, maravilhosamente, com o tempo, ela se tranquilizou quanto a isso. Foi capaz de dar ao agora noivo de Richard as boas-vindas à sua imperfeita família.

Richard também trabalhou duro para desenvolver um relacionamento com seu irmão que não fosse construído estritamente com base em preocupação e no superfuncionamento. Começou a tratar Kevin como se ele fosse um adulto capaz cuja vida não estava prestes a implodir.

Ficaram mais próximos, e Kevin beneficiou-se de ter pelo menos uma pessoa em sua família que tinha mais curiosidade do que medo sobre o que ele esperava do futuro.

Surpreendentemente, Richard teve mais dificuldade com Katherine. Ela não gostou nem um pouco quando ele começou a ser mais paciente com seus pais e menos desejoso de desabafar com ela sobre eles. Ficou com ciúmes quando ele se aproximou mais de Kevin, acusando-o de ter negligenciado o relacionamento entre eles. Mas como Richard era capaz de ver naquilo a continuação do triângulo entre irmãos, ele se surpreendeu menos com a reação de Katherine. Conseguiu manter-se tranquilo com ela, mesmo quando ela brigava com ele.

Nem toda história sobre como trabalhar a si mesmo em sua relação com a família, especialmente quando se trata de orientação sexual, terminará como terminou a de Richard. Algumas famílias jamais irão aceitar, e até demonstrarão hostilidade, e uma pessoa tem de avaliar como vai querer responder a esse desafio. O objetivo não é fazer as pessoas mudarem – é começar a escolher como agir e não ser arrastado nos processos automáticos.

A solução de trabalhar em si mesmo dentro de sua família não se aplica a todo mundo. Não se enquadra na terapia de resultado rápido, focada em soluções, da qual os planos de saúde gostam tanto. Por um motivo simples: isso leva tempo. Frequentemente as pessoas querem trabalhar em seu relacionamento com seu parceiro romântico. Ou querem fazer exercícios respiratórios, ou registrar no diário afirmações positivas. Mas passar mais tempo com suas famílias? Ligar para aquele parente esquisitão? Não, obrigado.

No entanto, eu acredito realmente que trabalhar em si mesmo dentro de sua família faz a maior diferença em relação a seu nível de ansiedade. Quando atletas olímpicos treinam em maiores altitudes, ficam mais rápidos e mais fortes na hora de competir. Sua família é um treino em grande altitude para vencer a ansiedade: se você conseguir ficar mais tranquilo com sua família, poderá conseguir isso em qualquer lugar – no trabalho, no metrô, num encontro ou quando estiver sozinho.

70

Suas perguntas

Observar:
- Quando minha família usa distância, conflito, triângulos ou super/subfuncionamento para lidar com ansiedade ou tensão?
- Quando e como eu participo dessas estratégias?
- Qual é o meu relacionamento direto [de pessoa para pessoa] mais fraco em minha família?

Avaliar:
- Quando meus comportamentos em família não refletem o melhor de mim?
- Como eu me vejo tendo um funcionamento mais maduro em minha família?
- De quais princípios orientadores eu gostaria de me lembrar na próxima vez que visitar minha família?

Interromper:
- Onde vejo surgir oportunidades para agir com maturidade em minha família?
- Como lembrar a mim mesmo de fazer um *zoom out* e ver a família como um sistema, em vez de culpar pessoas individualmente?
- Como posso avaliar meu progresso enquanto trabalho em meus relacionamentos com a família?

Sua prática

Neste capítulo, você aprendeu como as famílias usam estratégias para administrar ansiedade, como distância, conflito, triângulos e super/subfuncionamento. Escolha uma dessas estratégias, anote alguns exemplos de como sua família usou essa estratégia para manter as coisas tranquilas.

Agora, pare um instante e considere qual é o preço de usar essa estratégia. Os triângulos impediram as pessoas de terem relacionamento direto com outra pessoa? A distância impediu as pessoas de compartilharem seus verdadeiros *eus*? Considere como seria uma alternativa para esse modo de funcionar e que tipo de mudanças isso exigirá de você. Lembre-se, você pode mudar o modo como uma família funciona quando muda a si próprio.

CAPÍTULO 6
Seus pais

"Minha mãe... ela esteve aqui, posso sentir. Sente o aroma?
O quarto... recende a culpa e a Chanel nº 5."

LORELAI, em *Gilmore Girls*

Grace silenciou o telefone e o enfiou de volta na bolsa. "É minha mãe. Ela sempre quer saber se estou falando sobre ela na terapia." Nós duas rimos. Quem é que não fala sobre a mãe na terapia?

Grace não tinha procurado a terapia por querer trabalhar em seu relacionamento com a mãe. Ela tivera dois surtos de pânico no mês anterior, ambos depois de ter brigado com o namorado. Tinha ido para o chuveiro para chorar, e então, BAM! Primeiro pensou que estava tendo um infarto. Após duas idas de madrugada à emergência, Grace decidiu que isso não era uma maneira decente de viver.

Minha cliente estava focada em seus sintomas, e por uma boa razão. Ataques de pânico são muito desagradáveis, assim como o medo de ter outro. Mas eu também estava interessada em me focar em sistemas, no caso de Grace. Queria saber mais sobre sua família, sobre o organismo administrador de ansiedade do qual ela provinha. Não para descobrir alguém a quem culpar, mas para compreender mais sobre o comportamento do piloto automático na hora da ansiedade, e como ela funcionava no mundo.

Grace era filha única, e seus pais viviam na Costa Oeste dos Estados Unidos. Seu pai era diretor de uma escola de ensino médio, sua mãe uma corretora imobiliária. Tinham se divorciado quando ela era uma criança de colo, e Grace havia crescido principalmente com sua mãe. Mas tinha seguido as pegadas do pai e estava trabalhando duro como assistente de diretor numa escola de ensino fundamental.

Milhares de quilômetros de distância não tinham impedido que Grace e sua mãe trocassem constantemente mensagens e conversassem.

Ela me explicou que se sentia acorrentada ao telefone. "Minha mãe nunca me diz para que eu me divirta ou que aproveite uma viagem. Ela apenas diz 'Tenha cuidado!'. Esse é o lema de nossa família. Se eu não ligar para ela no minuto em que o avião pousa, ou não enviar uma mensagem quando chego tarde em casa, ela liga sem parar e manda milhares de mensagens. Ela sempre acha que eu fui assaltada ou que morri num acidente horrível."

A mãe de Grace não era a única a executar essa dança de ansiedades. Grace descrevia sua mãe como tendo uma "personalidade envolvente". Sua compulsão a compras a deixava com imensas dívidas no cartão de crédito, e seus hábitos alimentares a deixaram com diabetes do tipo 2. Grace tinha muito medo de que sua mãe morresse e a deixasse, ou que falisse financeiramente e quisesse ir morar com ela. Elas estavam presas num ciclo infinito de preocupação e bronca, e nenhuma das duas parecia estar interessada em fazer muita mudança.

O relacionamento original

Para a maioria de nós, o relacionamento com os pais (ou cuidadores principais) é o primeiro relacionamento importante que temos como seres humanos. Não é de surpreender que muitas teorias psicoterapêuticas olhem com severidade para as primeiras etapas de desenvolvimento em nossa vida, e para como nos ligamos (ou não nos ligamos) a nossos pais. Mas não é preciso ser totalmente freudiano quando se trata dos pais. Se um ou seus dois progenitores ainda estiverem vivos, então simplesmente observar como você interage com eles pode ser tão ou mais revelador do que tentar recordar sua infância. A observação em tempo real é muito mais precisa do que a memória.

A ação de trabalhar seu relacionamento com um progenitor é a mais difícil que você pode empreender, porque teve uma vida inteira para ficar preso a certos padrões. Muitas pessoas vêm à terapia querendo trabalhar relacionamentos românticos, amizades, ou até mesmo relações de trabalho, antes de estarem dispostas a tocar num relacionamento com pais com uma vara de três metros de comprimento. Mas retroceder a esse relacionamento primário pode fazer a maior diferença quando estamos tentando ser uma pouco mais tranquilos e um pouco mais maduros. Terá um impacto positivo em todos os outros relacionamentos em sua vida. Você pode arranjar um novo emprego, ou um novo e significante *outro*, mas não pode trocar sua mãe por Cher, ou seu pai por alguém que não usa emojis. Assim, você deveria também dar uma olhada para ver se uns retoques em seu relacionamento com eles poderão ajudar você a se tranquilizar um pouco.

Pare de ser um pai para seus pais

Além dos surtos de pânico, Grace resolveu fazer terapia porque não conseguia decidir se queria ou não terminar com seu namorado, Eric. Ela estava cansada de ser sempre a que tira a louça da lavadora e que confere a fatura do Wi-Fi, enquanto Eric se abstraía das reclamações dela com seus fantasiosos *podcasts* de futebol. Mas Grace era lúcida o bastante para saber que ela era parte da equação, pois vinha de uma série de relacionamentos fracassados – ela tendia a bancar a cuidadora quando namorava sujeitos que gostavam de agir como pessoas desamparadas.

Grace poderia trabalhar para superfuncionar menos em seu relacionamento com Eric, mas se quisesse terminar com ele, isso seria absolutamente uma prerrogativa dela. Sua mãe, por outro lado, não iria a lugar algum. Grace nunca tinha considerado que seu funcionamento como "pai e mãe" era o reflexo de sua dinâmica com a mãe. Talvez, se fosse capaz de aprender a relaxar e deixar sua mãe ser mais independente, seria mais fácil parar de bancar a mãe de seus namorados.

Frequentemente meus clientes me contam histórias de como tentaram bancar os pais de seus pais. Uma jovem permite que sua mãe ligue para ela buscando conselhos amorosos. Um homem bem-sucedido financeiramente começou a avaliar empréstimos para seu pai, que tem dificuldades em administrar dinheiro. Quanto mais seus pais ficam superenvolvidos em sua vida, mais fácil é, para você, retribuir o favor.

Muitos adultos que estão focados em gerenciar seus pais têm pouca energia restante para ir atrás de seus próprios objetivos ou administrar a própria ansiedade. Podemos facilmente nos tornar pessoas que tentam ensinar a seus pais como ser saudável, como administrar o dinheiro, e até mesmo como conduzir seus relacionamentos românticos, enquanto nossa própria vida é uma bomba prestes a explodir. Gostamos de preencher as lacunas na maturidade dos outros antes de nos voltarmos para a nossa.

Algumas culturas atribuem grande valor ao cuidado com os pais. Espera-se que as crianças comecem a dar apoio a seus pais no momento em que se tornam financeiramente independentes. E nunca devemos rotular uma diferença cultural como sendo sinal de imaturidade. Para mim, o barômetro é a ansiedade. O ato de cuidar de seus pais é uma escolha pensada ou cheia de ansiedade, automática? É uma ação baseada em princípios e valores, ou você só está tentando se tranquilizar ou evitar conflito? Quando não percebemos a ansiedade por trás dessa escolha, não estamos entendendo completamente a questão.

Quando as pessoas acabam superfuncionando em relação a seus pais, eles brigam muito. Isso acontece porque as pessoas na verdade não gostam de ser administradas ou controladas. Frequentemente, as coisas se acalmam quando uma pessoa é capaz de desenvolver sua ideia quanto ao que significa ser um filho adulto. Pensamos um bocado sobre como ser um bom parceiro amoroso, ou um empregado capaz, mas raramente as pessoas param para considerar o que significa ser um adulto que tem um progenitor no mundo.

Grace estava muito focada em ajudar sua mãe a aprender como administrar a diabetes dela. Ela perguntava para a mãe sobre os níveis de açúcar no sangue e enviava mensagens com links de academias próximas. Normalmente essas conversas acabavam em lágrimas ou em gritos. Ao tentar controlá-la, Grace estava tentando gerenciar seus temores quanto à saúde da mãe. Ela supervisionava, instruía e literalmente implorava, com pouco sucesso. Assim, ficou disposta a tentar algo diferente.

Certa semana, como seu dever de casa da terapia, eu pedi a Grace que pegasse um pedaço de papel e fizesse duas colunas. Na primeira coluna, deveria listar o que ela achava que eram suas responsabilidades como uma filha adulta. A segunda coluna deveria conter tudo que ela sabia não ser de sua responsabilidade. Ela produziu duas listas interessantes. Admitiu que, no que concernia à saúde de sua mãe, suas únicas obrigações eram ouvir e dar apoio. E só isso! FIM DA LISTA. Listou "aconselhar" na coluna de tarefas que não eram suas obrigações. Grace sabia que tinha de assumir a responsabilidade por suas próprias angústias, e não pelas de sua mãe.

Se você corre o risco de bancar o progenitor de seu progenitor, pode ser útil fazer uma pausa e definir claramente quais são suas responsabilidades no relacionamento. Eis aqui algumas das respostas mais comuns.

Responsabilidades de um filho adulto:
- Ter contato regularmente.
- Ter tempo para ouvir.
- Compartilhar coisas sobre sua vida.
- Tratar os pais como pessoas capazes.
- Compartilhar os pensamentos quando isso for pedido.

Aconteceu uma coisa curiosa quando Grace parou de tentar administrar a saúde da mãe e começou a administrar suas próprias reações ansiosas. Subitamente sua mãe tinha um espaço para respirar e pensar sobre como ela queria viver uma vida mais saudável. Quando você adquire uma noção mais clara de qual é o seu papel em relação a seus pais, e qual não é, é capaz de descobrir que tanto você quanto eles podem relaxar um pouco. Todos estarão mais livres do ciclo de aborrecer e de tranquilizar um ao outro.

É tempo de crescer!
Assim como podemos superfuncionar em relação a nossos pais, também podemos às vezes agir como seus filhos. Mas isso não seria o.k.? Bem, depende - você é um filho? É duro, eu sei. É fácil assumir uma posição de desamparo - para poder subfuncionar - em momentos de ansiedade. E muitos adultos têm pais que estão mais do que querendo se intrometer

e resgatá-los quando estão angustiados. E quando você estiver sendo resgatado continuamente, deve perguntar a si mesmo: "Como minha postura de desamparo está impedindo que eu seja uma pessoa mais resiliente? Como está contribuindo para minhas próprias inseguranças?".

Grace poderia olhar todo o histórico de suas conversas no telefone e ver como o ato de contatar a mãe tornara-se sua resposta imediata à angústia. Se seu chefe estava sendo um babaca, ou seu namorado a preteria para ficar com amigos, ela enviava à mãe uma mensagem chorosa. Sabia que sempre teria na mãe uma aliada. Essa resposta automática tinha impedido que Grace desenvolvesse seu próprio pensamento em relação a quem ela queria ser no trabalho e em seus relacionamentos. E sua mãe estava mais do que desejosa de assumir aquele papel - para ela era reconfortante saber o que estava acontecendo com a filha o tempo todo. Cada uma desempenhava um papel nessa dança disfuncional, e uma delas teria de parar com isso.

Para Grace era fácil agir como uma adolescente, ou mesmo uma criancinha, quando interagia com a mãe. Não gostava de si mesma quando essa versão mais jovem assumia o controle e não achava que isso refletisse aquilo que ela queria ser. O dr. Bowen ensinou que existem um adulto e uma criança dentro de cada um de nós, mas não é a criança que deve assumir o controle. Lembra-se do capítulo 3, quando você aprendeu sobre seu pseudo*eu*? Quando agimos como pessoas desamparadas, ou menos capazes, na presença de outros, é o pseudo*eu* que está agindo como uma criança. Isso acontece frequentemente quando interagimos com nossos pais.

A criança irá:
- Agir desamparadamente.
- Culpar os outros.
- Choramingar.
- Atacar quando criticada.
- Esperar que o outro mude de atitude.
- Esforçar-se para pensar com flexibilidade.

Mas o adulto será capaz de:
- Assumir a responsabilidade por si mesmo.
- Tranquilizar-se.
- Ver o quadro maior.
- Ouvir opiniões diferentes.
- Moldar uma atitude madura.
- Pensar de forma flexível e objetiva.

Quando você se torna um adulto, está num campo de jogo igualmente nivelado em relação a todos os outros adultos, inclusive seus pais. Você é igualmente responsável por si mesmo e por moldar maturidade nos relacionamentos. Em outras palavras, *não venha com desculpas.* Se sua mãe é imatura ou maldosa, se seu pai é um caos de ansiedade, você não pode mais culpá-los por seu próprio funcionamento. Sua missão agora é mudar como você age no mundo. Poderá também descobrir que quando essa criança interior vai para o assento de trás em suas relações com seus pais, você começará a se sentir mais seguro e mais capaz no trabalho, com seu parceiro e com seus amigos.

Seus pais são pessoas

Todos nós temos fantasias quanto a quem ou como gostaríamos que nossos pais fossem. Mas estou aqui para lhe dizer que os Obamas não vão adotar você, e seu pai não vai jogar fora aquelas bermudas cargo. Quando usamos a fantasia como medida, estamos deixando de ver a realidade no relacionamento com nossos pais. Um dos maiores desafios da condição de adulto é começar a enxergar nossos pais como pessoas. É verdade que o fato de ser progenitor preenche uma grande parte na vida de alguém, mas não é a única parte. Seus pais têm esperanças, temores e interesses que não têm nada a ver com os seus. É chocante, eu sei.

Parte do processo de crescimento tem a ver com aprender a se separar emocionalmente de seus pais, não permitindo que a ansiedade deles nos afete tanto. As pessoas com menor separação emocional de seus pais são aquelas que têm mais dificuldade para enxergá-los como indivíduos. Elas comumente respondem a isso ficando extremamente próximas da mãe ou do pai, ou, ao contrário, ficando o mais longe possível deles.

Quando você não é capaz de tratar um pai ou uma mãe como uma pessoa individual, também fica difícil compreender suas escolhas e se relacionar com elas. Grace ficava questionando constantemente a dieta de sua mãe, seus hábitos de consumo e os homens que ela namorava. Como não tratava sua mãe como uma pessoa separada, para ela era quase impossível imaginar que sua mãe fizesse escolhas que ela mesma não faria. Ela namorava esquisitões, comprava imóveis duvidosos e até calçava meias quando usava sandálias.

Grace sabia que não cabia a ela policiar a mãe. Mas tinha de se esforçar para manter a boca fechada quando a mãe se apaixonava por um cara grosseiro ou ligava para ela de um ponto de venda da rede de lojas de donuts Krispy Kreme. Para ajudá-la a se manter neutra nessas horas, nós duas praticamos criar algumas frases de apoio que a acalmassem e que pudesse usar quando ficava tentada a controlar sua mãe.

Não diga: Por que você está passando todo o seu tempo com este fracassado?
Tente dizer: Parece que você está muito animada com este relacionamento!

Não diga: Quer parar, por favor, de me enviar e-mails com roteiros do MapQuest? Estamos no século XXI!
Tente dizer: Obrigada, mas prefiro usar meu celular para traçar o roteiro.

Não diga: Tirar a cobertura de seu Egg McMuffin não faz dele um café da manhã saudável!
Tente dizer: É ótimo que você queira cuidar de si mesma. Estou torcendo por você!

Aprenda a história de sua família

Como você pode começar a ver sua mãe e seu pai como seres humanos e não como seus empregados desastrados? Eu costumo incentivar meus clientes a começarem a aprender as histórias de suas famílias. Recuar uma geração ajudará a compreender as dinâmicas que formaram seus pais e os desafios que eles enfrentaram em suas próprias famílias. Quando se focava apenas em seu núcleo familiar, Grace considerava sua mãe uma pessoa incompetente, ansiosa e intrometida. Para que ela tivesse mais objetividade, recuamos uma geração.

Grace contou-me que o pai de sua mãe tinha morrido de um aneurisma cerebral quando tinha apenas 45 anos. Sua mãe era a mais jovem da família e foi mimada pela avó de Grace, que nunca tornou a se casar. Quando lhe perguntei sobre os irmãos de sua mãe, Grace explicou que não os conhecia. Sua mãe tinha cortado todo contato com eles depois de uma briga a respeito das propriedades de sua avó.

Olhando para o passado, Grace estava começando a ver como as experiências de sua mãe tinham afetado o modo como ela funcionava. Não mais parecia ser controladora ou vindicativa. Fazia sentido o fato de que uma mulher que tivesse experimentado a morte súbita de uma pessoa próxima se preocupasse tanto com a filha. E não era de surpreender que uma mulher que se desligou de sua família se focasse com tanta ansiedade na filha - não havia outro objeto para o qual dirigir sua atenção. Grace conseguiu ver como sua mãe funcionava, para o melhor ou para o pior, ao responder a esses eventos. Ela estava tirando os óculos da ansiedade e vendo aquela mulher pela primeira vez.

A objetividade, no entanto, nem sempre passa por uma mudança igualmente radical. Grace era capaz de ter na terapia esse tipo de clareza quanto à sua mãe, mas tinha de fazer um esforço para pensar assim quando sua mãe a assediava por telefone. Quando sua mãe dizia algo que a desagradava, Grace respondia, e depois uma das duas desligava. As coisas depois se acalmavam, e elas voltavam a se falar. Grace tentava evitar passar à mãe certas informações sobre seu relacionamento com o namorado para impedir que a mãe se aborrecesse ou lhe desse conselhos indesejados, mas isso só fazia sua mãe ser ainda mais reativa.

Perguntei a Grace se ela tinha retratos de sua mãe quando menina. Ela disse que tinha, e discutimos como eles poderiam constituir um lembrete visual de que ela não era somente sua mãe - era uma pessoa com esperanças e temores. Concebemos um plano de que ela olharia para aqueles retratos sempre que se sentisse frustrada devido ao constante contato com a mãe. Mantendo à vista os retratos, ela poderia ver a história de uma mulher que fazia o melhor possível para se adaptar aos desafios e à tragédia. Ainda era difícil não brigar, mas as fotos a ajudaram a desacelerar e a pensar. Se queria que sua mãe a tratasse como uma pessoa, ela teria de fazer o mesmo.

E se eu simplesmente não sou próximo a meus pais?

Muitos de meus clientes explicam que eles simplesmente não são próximos a seus pais. Grace usou esse argumento quando comecei a lhe perguntar mais sobre seu pai. Ele tinha se casado novamente quando ela era pequena e tinha mais dois filhos, que eram muito mais novos do que Grace. Ela sentia que estava em quinto lugar nessa bela família de quatro pessoas de seu pai, e ele não fazia muitos esforços para incluí-la. Ela passava algumas horas com ele nos feriados e ligava para ele quando precisava de um conselho em relação à carreira. Mas suas conversas eram salpicadas de pausas desconfortáveis, e ela rapidamente achava desculpas para desligar ou ir embora. Além disso, sua mãe marcava o tempo que Grace passava em casa e tinha ciúmes quando ela ficava muito tempo com o pai.

No capítulo 5, você aprendeu como a distância é um modo comumente usado para administrar a ansiedade em nossas famílias. Mas as pessoas frequentemente interpretam mal o objetivo de se criar pontes sobre a distância que as separa de seus pais - não é o de se tornarem seus melhores amigos, de fazê-los entender você melhor, ou mesmo de obter o apoio deles. O objetivo é aprender mais sobre o outro como indivíduo neste relacionamento principal. Você se aproxima para poder estar mais separado. Soa como um paradoxo, mas pense um pouco sobre isso. Quanto menos afetado por sua ansiedade você estiver, mais capacidade terá de desenvolver um relacionamento satisfatório com eles.

Começando uma nova tradição familiar

Grace estava aprendendo a ser mais objetiva em relação a seus pais, mediante o ato de observar e aprender a história de sua família. Também estava começando a perceber seus padrões comportamentais nesses relacionamentos. Já não se considerava uma vítima da intensidade de sua mãe e do alheamento de seu pai. Se ela podia culpar seus pais, eles, por sua vez, poderiam culpar os deles. Onde isso iria terminar?

Ela decidiu que queria começar novas tradições familiares de abertura e de tranquilidade. Queria ser menos reativa em relação à mãe e menos distante em relação ao pai. Ao mudar a si mesma, começaria a mudar a árvore genealógica. Grace programou um tempo na semana em que ligaria para o pai. Preparou-se para as pausas desconfortáveis que haveria quando conversassem mais e aprendessem coisas um sobre o outro. Em vez de ficar esperando por um convite, ela expôs seu desejo de passar mais tempo com ele e com seus irmãos. Fizeram planos para as férias, e ele finalmente marcou um voo para ir visitá-la em Washington.

Também começou a estabelecer certos limites com a mãe. Disse que queria compartilhar sua vida com ela, mas não iria mais ligar toda vez que seu avião pousasse ou que chegasse em casa com segurança. Como era previsível, sua mãe reagiu mal por ela ter assumido essa atitude. Levaria tempo, mas lentamente ela aprenderia que sua filha era uma pessoa adulta e responsável, capaz de cuidar de si mesma.

Ela também notou que sua mãe tinha reservado algumas surpresas para ela. Quando parou de dar à sua mãe lições sobre dinheiro, namorados ou nível de açúcar no sangue, percebeu que o cérebro dela estava trabalhando mais. Ela nunca seria um guru de boa forma física e de saúde, nem deixaria para Grace uma grande herança, mas estava começando a ouvir mais o que dizia seu médico e a usar menos o cartão de crédito.

Essas mudanças fizeram Grace se lembrar de que sua mãe sempre fora, durante todo o tempo, uma mulher adulta e inteligente.

Outra coisa curiosa aconteceu como resultado do trabalho de Grace em seus relacionamentos com os pais. Ela começou a notar que estava brigando menos com o namorado. Parou de tentar controlá-lo do mesmo modo como sua mãe a controlava, e passou a tratá-lo como um adulto capaz. Compreendia agora que este é o melhor presente que se pode dar a alguém que se ama.

Suas perguntas

Observar:
- Quando eu fico reativo quando interajo com meus pais?
- Como eu estou superfuncionando com meus pais?
- Quando minha criança interior assume o relacionamento com meus pais?

Avaliar:
- Quais são minhas responsabilidades como um filho adulto dos meus pais?
- Como foi que meu relacionamento com meus pais configurou o modo como eu interajo com outras pessoas?
- Como seria desenvolver um relacionamento menos reativo e mais maduro com meus pais?

Interromper:
- Quais são as oportunidades que surgem para eu praticar ser menos reativo em relação a meus pais?
- Como posso evitar voltar a ter comportamentos automáticos nesses relacionamentos?

- Como posso lembrar que meus pais são pessoas que existem também fora de seu relacionamento comigo?

Sua prática

Se você quer agir mais como adulto e menos como uma criança em relação a seus pais, pode ser útil ter armazenadas algumas respostas neutras, imparciais, quando estiver tentado a dar lições, criticar ou se lamuriar. Quando sua mãe disser que quer começar uma loja no Etsy[5] para vender pochetes de crochê, tente dizer "Você está tão animada com isso! Fico feliz por você", em vez de "Isso é insano - o que há de errado com você?". Reserve alguns minutos para fazer uma lista de respostas neutras para ter à mão quando precisar delas. Lembre-se, você não tem de concordar com nada do que seus pais dizem - tem apenas de se lembrar que você não é responsável por administrar a vida deles.

5 Loja virtual de venda de produtos de segunda mão, artesanato etc.

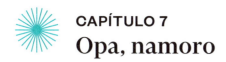

CAPÍTULO 7
Opa, namoro

"Elaine: Então, basicamente, o que você está dizendo é que 95% da população são de pessoas que não dá para namorar?
Jerry: *Não dá para namorar!*
Elaine: Então como é que todas essas pessoas namoram?
Jerry: Álcool."

Seinfeld

Quando veio se consultar, Gail era uma máquina de fixar objetivos. Ela queria correr uma meia-maratona. Tinha o plano de se graduar entre os 10% de estudantes com as melhores notas em sua faculdade de direito. Estava desenvolvendo habilidades para lidar com sua depressão sazonal. Lá embaixo em sua lista de objetivos estava sua tarefa mais assustadora: *começar a namorar.*

Gail nunca tinha planejado postergar sua vida amorosa. Era, por natureza, uma pessoa romântica. Tivera muitas paixonites ao longo dos anos. Mas quando fazia uma retrospectiva da última década, diagnosticava seu caso como uma Síndrome do Assim Que. "Vou começar a namorar assim que entrar numa boa faculdade. Assim que terminar a faculdade. Assim que terminar o curso de direito." Agora estava dizendo a si mesma "Assim que passar no exame da Ordem dos Advogados". Gail estava com medo de que essa longa fila de desculpas perfeitamente legítimas se estendesse em seu atarefado futuro com tal força que ela acabaria sendo uma solteirona.

Gail me contou que se sentia insegura por não ter nenhuma experiência em sexo ou relacionamentos românticos. E sugeri que ela não precisaria namorar, se não dava valor a isso, que se danassem as normas sociais. "Mas isso é uma coisa que eu quero", ela me disse. "O modo como passo meu tempo nem sempre reflete aquilo que realmente valorizo. A cada ano sempre foi mais fácil simplesmente empurrar isso para o fim da lista."

Como uma escritora cuja casa fica irrepreensivelmente limpa sempre que eu tenho um prazo, certamente posso me comparar a Gail. É muito frequente nossos valores simplesmente não se ajustarem ao nosso tempo porque estamos permitindo que a ansiedade determine o que estamos fazendo. E a sua ansiedade sempre vai escolher o que é mais seguro e mais familiar para você. A ansiedade de Gail ficava mais confortável na presença dos elevados objetivos acadêmicos dela. Aventurar-se fora desse terreno, no bizarro país dos flertes, parecia ser uma ideia terrível. "Por que simplesmente não permanecer vestida e ficar na biblioteca?", sugeria sua ansiedade. "Nós amamos a biblioteca!"

O namoro é um dos temas mais comuns em meu trabalho. Numa cultura baseada em tecnologia, em "ficar", a busca por um parceiro ou parceira pode ser frustrante. Há um risco incrivelmente alto de rejeição, e se você não tem algum complexo quando começa com isso, os aplicativos de encontros vão lhe providenciar um. Mas quer você seja idoso, jovem, gay, hétero, monogâmico ou poliamoroso, uma coisa permanece constante - manter-se focado em ser você mesmo quando está em busca de alguém é uma das coisas mais difíceis de se fazer. Somos muito rápidos no ato de sacrificar a nós mesmos para a satisfação de perfeitos estranhos.

Use seu cérebro

A ansiedade de Gail tinha todo um acervo de pretextos válidos para não começar um processo de paqueras e encontros. E se os aplicativos fossem confusos, ou massacrantes? E se ninguém quisesse sair com ela? E se alguém quisesse sair com ela, como reagiria quando descobrisse que ela nunca tinha tido um relacionamento? Que ela nunca havia feito sexo? Ou, ainda mais assustador, e se eles não se importassem com isso e quisessem ficar com ela? Como ela ia saber o que fazer? Quando essas perguntas inundavam sua mente, a ansiedade dela gritava "ABORTAR!".

Gail estava usando certas partes de seu cérebro para resolver esse problema enquanto ignorava outras partes que poderiam lhe ser mais úteis. Para investigar esse dilema, dividimos o cérebro dela (num desenho, obviamente) em três partes: um cérebro reptiliano, um cérebro mamífero e um cérebro humano.

Cérebro reptiliano: lutar, fugir ou imobilizar seus reflexos.
Cérebro mamífero: apoiar-se em relacionamentos.
Cérebro humano: trabalhar na direção de um objetivo definido.

O cérebro reptiliano, ou "cérebro de lagarto", de Gail tinha, em grande medida, dado as ordens quando se tratava de sua vida romântica. Ela fugia ou ficava paralisada quando alguém manifestava interesse nela. Mas Gail também tinha usado a parte mamífera de seu cérebro quando contatava seus conhecidos como uma ajuda para administrar o estresse. Ela desabafava com amigos seus temores quanto a namorar. Ouvia histórias de sucesso e de horror sobre encontros em Washington. Buscava o incentivo de amigos e dos pais quando não era capaz de reunir coragem para começar. Mas nada parecia funcionar para levá-la a isso.

Ao presumir que namorar supostamente deveria ser algo divertido e natural, Gail tinha deixado de acessar a parte humana do cérebro. Sua aptidão para trabalhar por um objetivo definido iria ser mais útil para ela do que qualquer conversa inspiradora comigo ou com seus amigos. Afinal, ela era uma profissional em matéria de atingir seus objetivos - isso ninguém precisava lhe ensinar. Então, por que não confiar em seu incrível cérebro quando se tratava desse problema específico?

Namorar parecia ser algo massacrante. Mas sabe o que mais é massacrante? Faculdade de direito. Então, como foi que Gail conseguiu não se sentir massacrada na faculdade? Ela explicou que tinha administrado sua ansiedade na faculdade focando-se unicamente naquilo que era sua responsabilidade somente naquele dia. "Eu me pergunto: o que preciso fazer hoje para ser bem-sucedida?" Essa foi sua resposta.

Gail começou a se perguntar o que precisava fazer primeiro para ser bem-sucedida em um namoro. Decidiu que, antes de dar passos maiores, precisava aprender sobre os aplicativos de namoro a fim de determinar qual seria o mais conveniente para ela. Estabeleceu o objetivo de descobrir e ler um artigo que comparasse os vários aplicativos. Subitamente ela tinha uma tangível lição de casa para fazer, e é claro que esta mulher superbem-sucedida adorava lições de casa! A parte frontal de seu cérebro tinha se acendido, iluminando um caminho percorrível na direção do namoro.

Princípios são sexy

A confiança de Gail aumentou quando ela escolheu um aplicativo de namoro, criou nele seu perfil e começou a enviar mensagens a alguns caras, ignorando os que pareciam ser mais rudes. Embora estivesse tentada a manipular a verdade, fez o melhor possível para apresentar no perfil seu verdadeiro *eu*. Mas quando aconteceu seu primeiro encontro, esse *eu* já não era encontrado em parte alguma. O Cara nº1 era atraente e admirável, e a noite inteira ela ficou horrorizada ao ver-se concordando com as declarações totalmente insanas dele. Quando ele mencionou seu desprezo por religião, Gail deixou de mencionar seus laços com sua sinagoga. Quando o Cara nº1 expressou o desejo de se mudar para Los Angeles, Gail não mencionou que tinha uma imensa coleção de cardigãs e que detestava passar protetor solar.

Depois de todas as concordâncias dela, não foi surpresa o cara querer sair novamente com Gail. Ou seja, ele queria sair com o pseudo*eu* que a ansiedade dela tinha tão rapidamente criado para enfrentar uma potencial rejeição. Gail estava focada 100% naquele sujeito, em vez de focada em si mesma, fazendo com que fosse quase impossível ser ela mesma.

Você poderia alegar que se Gail tivesse feito uma lista clara do que estava buscando num parceiro, poderia ter evitado a armadilha de anular a si mesma. As pessoas muitas vezes fazem listas do que estão procurando numa outra pessoa que lhes seja significativa e trazem as listas para a terapia. Fico feliz de ouvir o que elas pensam, mas estou muito mais interessada no que as pessoas esperam de si mesmas. Que pessoa você quer ser num encontro? Num relacionamento? Se um potencial parceiro entra em cena, como é que seu verdadeiro *eu* fica comprometido? Conhecer a si mesmo é a melhor maneira de garantir que um parceiro em potencial seja capaz de conhecê-lo também.

Há um modo ansioso de namorar, e um modo maduro. Perguntar a você mesmo qual a diferença entre esses dois caminhos pode lhe dar um *insight* valioso do que fazer e do que não fazer. Lembra quando falamos sobre como nosso ansioso piloto automático opera em nossas famílias? No namoro funciona da mesma maneira. Você tem de saber como ele vai agir, de modo que possa fazer o contrário.

Pedi a Gail que imaginasse que estava atrás de um namoro da maneira mais ansiosa possível, e que descrevesse quais seriam potencialmente seus comportamentos. Eis o que ela imaginou:

Encontros ansiosos têm os seguintes aspectos:
- Cancelar no último minuto.
- Concordar com tudo o que o outro diz.
- Dizer "sim" a uma relação física quando não estou pronta.
- Ser obcecada com mensagens em aplicativos.
- Pedir conselho a amigos sem recorrer a meu próprio pensamento.
- Evitar conversas difíceis para postergar o inevitável.
- Cortar unilateralmente o contato, sem ser honesto com o outro.

Quando Gail fez a lista oposta a essa, item por item, ela de repente tinha em mãos uma lista de princípios diretores para sua nova aventura:

Encontros maduros têm os seguintes aspectos:
- Seguir adiante com meus planos.
- Compartilhar meu pensamento, mesmo quando é diferente do outro.
- Dizer "não" quando não estou pronta.
- Estabelecer limites para o uso de aplicativos.
- Desenvolver meu próprio pensamento antes de consultar os outros.
- Estar aberta a conversas difíceis quando for necessário.
- Tratar o outro com respeito e honestidade quando eu não estiver interessada.

Agora Gail tinha um roteiro para quando quisesse funcionar no mundo dos *dates*. Não era missão sua fazer com que todo mundo gostasse dela – que alívio! Ela simplesmente tinha de se manter focada nesses princípios. Simples, não é mesmo? Humm, talvez não. É mais fácil se agarrar a seus princípios quando se é uma solteirona mal-humorada. Mas acrescente outro ser humano a essa mistura, e o jogo para continuar sendo você mesmo vai realmente começar.

Por favor, responda a minha mensagem

Gail descobriu que a kriptonita dos encontros era muito comum – o telefone. Ela melhorou na postura de ser honesta em seus relacionamentos e de confiar em seus próprios pensamentos. Mas quando se tratava de se comunicar com os caras, sua ansiedade continuava teimosamente a ficar no controle. Após um bom encontro, ela passava as 24 horas seguintes absolutamente grudada no telefone, esperando do cara uma mensagem de texto ou pelo aplicativo para marcar o próximo encontro.

Uma pessoa pode ter toda a intenção de se manter tranquila e contida quando entra em cena um novo interesse amoroso, mas a tecnologia frequentemente impede que fiquemos focados em nós mesmos. Nossos telefones e nossas redes sociais nos ajudam a dirigir um foco tipo laser a essa nova pessoa.

O purgatório após um encontro tem os seguintes aspectos:
- Buscar excessivamente alguém no Google.
- Investigar o passado em redes sociais.
- Verificar se a pessoa está logada em algum aplicativo.
- Enviar mensagens aos amigos para analisar o último encontro.
- Conferir se viram sua mensagem ou seu post.

Isso pode gerar ansiedade e ser levemente irritante. Como alguém tem tempo para compartilhar o vídeo de um cabritinho no Twitter, mas não para responder a sua mensagem? De repente, são três horas da manhã e você está no Facebook dissecando a última viagem dele ao México com sua ex, perguntando a si mesma se você seria capaz de fazer com que a prancha de surfe parecesse tão sexy (provavelmente não). Quando você gosta de alguém, poderá passar muito tempo imaginando o que aquela pessoa está pensando, dizendo ou fazendo. E se não tiver cuidado, você começa a tratar essas imaginações como se fossem reais.

Foi exatamente o que aconteceu com Gail. Ela saía com alguém de quem estava gostando de verdade e logo ficava impaciente quando ele não lhe enviava mensagens ou ligava depois. Se ela visse que ele estava ativo num aplicativo de namoro, ficava indignada. Isso era, obviamente, ridículo, uma vez que Gail estava fazendo a mesma coisa e falando com outras pessoas. Incapaz de se sentir confortável nesse purgatório pós--encontro, ela se viu terminando com os encontros e apagando contatos para evitar ser dispensada ou ignorada. Ficava constrangida com o fato de esses quase estranhos terem tal controle de suas emoções.

Gail convenceu a si mesma de que precisava desacelerar e aprender a aceitar bem uma espera. Nenhum relacionamento iria se consolidar em uma semana, muito menos em 24 horas. Assim, quando começava a sair com alguém de quem realmente gostava, Gail se limitava a enviar depois apenas uma mensagem legal, dizendo que tinha se divertido e que gostaria de sair alguma outra vez. Então começava a espera. Ela tentava de tudo para se distrair. Saía para correr. Ligava para sua mãe. Lia mais material da faculdade. Mas nada disso funcionava muito bem. Ela foi fazer terapia pedindo que eu curasse sua ansiedade. Como Gail poderia se tranquilizar?

Frequentemente, na ansiedade, nosso foco está em nos livrarmos dela. Isso é bom! É bom praticar comportamentos saudáveis que possam ajudar a administrá-la. Mas não tenho certeza de que você seja capaz de se obrigar a ser menos reativo em situações que provocam ansiedade. Desenvolver tolerância a situações que não nos são familiares leva tempo quando você adota uma postura de maturidade e constata que não vai morrer disso. Quando faz algo que é arriscado, como ser vulnerável em relação a um estranho que pode rejeitar você, a ansiedade é parte do jogo. E é então que somos tentados a recair nesses velhos e automáticos hábitos que nos deixam em apuros.

Quando um cara não respondia imediatamente a sua mensagem, as opções mais rápidas para Gail baixar o nível de sua ansiedade seriam:

- Enviar uma mensagem irada perguntando por que ele não ligou ou não mandou mensagem.
- Pedir constantemente que os amigos digam que com certeza ele ainda vai ligar.
- Parar de sair e marcar encontros.

Essas atitudes eram seu piloto automático, e desligar o piloto automático certamente a faria ficar *mais* ansiosa. Mas essa ansiedade seria um sinal de que estava seguindo seus princípios: de que a pessoa adulta que havia nela estava no controle e não iria permitir que a criança conduzisse o espetáculo.

Gail não estava destinada a ficar para sempre incrivelmente ansiosa em encontros. Isso era apenas um aumento temporário na ansiedade enquanto ela aprendia a como se comportar num encontro e a esperar o retorno da outra pessoa. Viver de acordo com seus princípios fica cada vez mais fácil, mas isso leva tempo. O melhor que Gail podia fazer era cuidar de si mesma, tentar ao máximo não ficar focada no cara e esperar.

Redefinindo um encontro bem-sucedido

Então, o que aconteceu com Gail e esse último cara? Bem, ele finalmente respondeu às mensagens dela. Continuaram a se ver, e ele manteve seus gestos mágicos de desaparecer e reaparecer. Após alguns encontros, Gail lhe disse francamente que para ela era confuso não ouvir falar dele durante longos períodos. Disse que o que ela estava buscando era um relacionamento, e que se ele não estava interessado em sequer pensar sobre isso, então deveriam seguir caminhos separados. E foi isso que fizeram. Ele provavelmente ainda está percorrendo os bares de Capitol Hill e deixando mulheres furiosas com sua indiferença.

De acordo com as definições correntes no mundo, essa série de interações estava condenada ao fracasso. Gail não tinha convencido um sujeito a parar de ser tão furtivo e perceber quão legal ela era. Mas isso não era responsabilidade de Gail. Minha aposta é que ela se livrou de meses de frustração quando foi direto ao ponto mais cedo, e não mais tarde. Muitas vezes temos medo de assustar alguém quando deixamos claro o que queremos e o que não poderemos aceitar. Mas como alguém que viu casamentos terminarem quando pessoas finalmente foram forçadas a ter esse tipo de conversa, eu chamaria o resultado desse caso de um grande sucesso.

Uma das ideias da teoria de Bowen é a de que as pessoas tendem a acabar ficando com outras pessoas que estão no mesmo nível de diferenciação, ou maturidade emocional, em que elas estão. Assim, se você considerar que marca encontros com pessoas que têm níveis diferentes de maturidade, faz sentido que muitos desses encontros não deem certo. Isso pode ajudar você a sentir-se menos rejeitado e mais objetivo.

Quando você começa a definir os encontros bem-sucedidos como aqueles que se encaixam em seus princípios, é sinal de que voltou seu foco para si mesmo, e comumente é capaz de se tranquilizar. Não quer dizer que necessariamente você será bem-sucedido de imediato, mas quer dizer que é provável que acabe ficando com alguém que está no mesmo nível de maturidade. Sexy, não é?

Suas perguntas

Observar:
- Como a ansiedade surgiu nos meus encontros?
- Quando eu fiquei focado no outro após um encontro?
- Quando foi que eu rapidamente ocultei meu verdadeiro *eu* de alguém por quem eu tinha um interesse amoroso?

Avaliar:

- Como eu definiria o que é se relacionar com maturidade?
- Quais crenças ou valores preciso comunicar com mais clareza a alguém por quem eu tenha interesse amoroso?
- De que aprendizado eu gostaria de me lembrar quando tendo a me obcecar por um interesse amoroso?

Interromper:

- Como praticar o foco em mim quando estou me relacionando com alguém?
- Como desligar meu ansioso piloto automático quando estou me relacionando com alguém?
- Será que existem instrumentos, ou pessoas, capazes de me ajudar a ser meu melhor *eu* quando estou me relacionando com alguém?

Sua prática

Saindo com alguém ou não, estamos sempre querendo aparar nossas arestas para que as pessoas gostem de nós. Você tem, em seu grupo de pessoas afins, crenças políticas ou religiosas incomuns? Hesita em admitir que tem um conhecimento enciclopédico da série *Real Housewives*? Reserve alguns minutos para fazer rapidamente uma lista de cada crença, interesse, valor ou atributo que você escondeu ou sobre o qual mentiu para obter o amor ou a aprovação de outra pessoa. Dê uma olhada nessa lista e considere como pode definir melhor a si mesmo para um novo interesse amoroso e para os relacionamentos já existentes.

CAPÍTULO 8
Amor

"Não é a incivilidade geral a própria essência do amor?"
ELIZABETH, em *Orgulho e preconceito*, de Jane Austen

Marcus e Sarah eram muito próximos um do outro. Quer dizer, literalmente próximos – moravam num apartamento de 37 m². Marcus tinha 35 anos, era gerente de um restaurante e veio para a terapia porque tinha certeza de que teria um infarto antes dos quarenta. Ele me disse que sua saúde física sofria frequentemente um retrocesso devido a problemas no trabalho e a dramas no relacionamento. Marcus estava sempre estressado com a rotatividade no restaurante. E reclamava que sua namorada, já fazia três anos, não o apoiava nos seus objetivos na carreira, ou quanto à sua saúde. Ela queria se casar, e ele não tinha certeza de que queria assumir tal compromisso.

Marcus e Sarah tinham se conhecido num time de frisbee reunido por um amigo, e imediatamente se deram bem. Poucos meses depois, Sarah se mudou para o apartamento dele. Três anos depois, ainda passavam a maior parte do tempo um com o outro. Faziam juntos o trajeto para o trabalho. Almoçavam juntos. Quando separados, estavam constantemente se falando por mensagens. Para alguém de fora, pareciam duas ervilhas numa mesma vagem.

Muito tempo depois da fase de lua de mel, Marcus ainda descobria que ficava cada vez mais ansioso quando Sarah não estava por perto. Ficava paranoico quando ela saía para um *happy hour* com seus colegas de trabalho homens. Sarah, por sua vez, reclamava quando Marcus passava algum tempo com seus companheiros de quarto da faculdade, sem ela. Brigavam por causa disso, e depois ela se logava no iPad dele para ver se estava reclamando dela com seus amigos.

Devido a esse intenso "estar junto", Marcus e Sarah começaram a se irritar reciprocamente. Ela repreendia Marcus quando ele trabalhava muitas horas e descuidava de sua parte na divisão de tarefas domésticas, ou o tratava com desdém, fazendo barulho, furiosamente, com a louça na cozinha. Marcus acusava Sarah de estar sabotando suas tentativas de fazer dieta ao comprar toneladas de besteira e levar para casa. "Não posso alcançar minha meta tendo Doritos em casa!", ele gritava para ela. Depois dessas discussões, eles procuravam seus amigos e seus terapeutas para reclamar um do outro, até se tranquilizarem. Depois voltavam mais uma vez para o contato constante.

Pare de atribuir culpa aos outros

Comumente as pessoas procuram a terapia muito focadas em seus parceiros. Na primeira sessão, catalogam as faltas cometidas por eles como se fossem um promotor encerrando o caso. Como a ansiedade faz com que nos foquemos nos outros, ficamos doutores em conhecer os muitos defeitos de nosso parceiro ou parceira. Você é capaz de lembrar quantas vezes ele se esqueceu de levar o lixo para fora, ou de lhe enviar uma mensagem quando se atrasou, mas aquela vez em que você assistiu a um episódio de *Game of Thrones* sem ele é empurrada para o fundo do depósito cerebral. Como os exemplos dos defeitos de seu parceiro são tão prontamente disponíveis, eles ficam em grande evidência quando o seu cérebro está tentando concluir quem é que agiu errado.

Marcus viu que era fácil culpar Sarah pelos hábitos pouco saudáveis dele. Apesar de gostar de comer besteira, Sarah estava em melhor forma física, e isso o fazia se sentir inseguro. Ela passava muito tempo se exercitando na academia onde trabalhava, e ele frequentemente provocava discussões quando se sentia culpado por não estar "no nível dela". Sarah saía para correr de manhã cedo, enquanto Marcus, exausto após uma longa noite no restaurante, ficava na cama e se castigava mentalmente por isso.

Como Marcus resolveu administrar sua ansiedade em relação à saúde? Ele pediu a Sarah que parasse de convidá-lo a se exercitar: "Isso me faz sentir que você está me julgando quando eu digo não". Ele pediu que parasse de comprar os alimentos que ela queria e parasse de polvilhar sua salada com queijo: "Se é para sermos saudáveis, então temos de levar isso a sério!".

É muito frequente pedirmos que os outros mudem seu comportamento como uma forma de administrar nossas próprias inseguranças. Isso reflete o foco no outro produzido pela ansiedade - "se você simplesmente parar de fazer x, então eu vou ficar melhor". Olhamos para os outros para preencher as lacunas de nossa própria maturidade emocional; para superfuncionar quando estamos subfuncionando. Pode ser útil pegar essa culpa e jogá-la de volta como um desafio a você mesmo - não para se culpar, mas para começar a assumir a responsabilidade por sua própria ansiedade. Chamo isso de exercício "de culpar para assumir".

Vamos praticar!

Culpando: Eu teria me candidatado a esse emprego se você me incentivasse mais, Chandra!
Assumindo: Eu sou responsável pelas decisões relacionadas à minha carreira.

Culpando: Eu estaria no horário se você não tivesse levado dez anos para comer esse bagel, Steve!
Assumindo: Cabe a mim cuidar da hora que chego no trabalho.

Culpando: Não consigo meditar quando você está maratonando *The Great British Baking Show*!
Assumindo: Eu posso sair do quarto ou usar fones de ouvido quando preciso me focar.

Mas isso não significa que você nunca pode falar sobre o comportamento de seu parceiro ou parceira, ou que não pode ter sido realmente induzido a erro por alguém. Isso se aplica quando as fronteiras da responsabilidade estão borradas e somos rápidos em atribuir aos outros o encargo por nosso destino e nossa conduta. Porque a verdade é que o ato de ser menos responsável pelo outro e mais responsável por você mesmo geralmente tranquiliza as coisas. E quando as coisas ficam mais calmas, a intimidade pode se manifestar com mais naturalidade. E comumente você eleva o nível geral de seu funcionamento.

Você é uma pessoa à parte ou uma bolha de relacionamento?

Quando vive com um parceiro, fica fácil tratá-lo como se fosse uma extensão de você mesmo, e não como um ser humano independente. Emoções e responsabilidades tendem a ficar menos nítidas. É fácil ser levado pela dinâmica de um super/subfuncionamento. Você pode descobrir que é impossível manter-se calmo quando o parceiro está ansioso, e vice-versa. Por isso, seu foco se dirige para a tarefa de acalmá-lo em vez de acalmar a você mesmo. Foi exatamente isso o que aconteceu com Sarah e Marcus. Eles se esforçaram para permanecer diferenciados, pessoas à parte, metamorfoseando-se juntos numa ansiosa bolha de relacionamento. Chamamos a bolha de SARCUS, uma combinação de seus nomes.

Sarah esforçava-se para evitar um trabalho em tempo integral. Ela trabalhava algumas horas por semana como professora de spinning, mas era Marcus quem pagava a maior parte do aluguel e as contas. Marcus acreditava que se pressionasse muito Sarah para que ela encontrasse um emprego melhor, isso desencadearia uma briga enorme. Exausto do trabalho, ele simplesmente não teria energia para lidar com esse retrocesso. Era mais fácil pagar as contas e manter as coisas temporariamente tranquilas do que causar um aumento na ansiedade e colocar em risco o relacionamento.

Da mesma forma, Sarah tinha medo da vulnerabilidade de Marcus em relação à sua saúde. Começou a se esgueirar e sair do apartamento pela manhã, de modo que seus exercícios não o incomodassem. Escondia as comidas não saudáveis no carro, ou comia rapidamente antes de chegar em casa, para que Marcus não gritasse com ela por estar sabotando a dieta dele. Ambos andavam na ponta dos pés, circundando suas respectivas sensibilidades, para não despertar o SARCUS.

Para quem está fora é fácil olhar para Marcus e dizer, "Cara, pare de pagar pelas coisas dela!". Ou dizer a Sarah, "Coma o que quiser e deixe ele lidar com isso!". Mas não é tão fácil assim separar uma bolha de relacionamento que se forma entre duas pessoas.

Quando Marcus começou o trabalho de desemaranhar aquele intenso "estar juntos", eu lhe perguntei: "De que modo você gostaria de ser menos responsável por Sarah?". Ele fez a seguinte lista:

- Eu gostaria de dizer a ela que não posso mais pagar a conta de seu telefone.
- Gostaria de deixar que ela controlasse as próprias emoções quando eu saio com meus amigos.
- Gostaria de não ter de responder imediatamente às mensagens dela quando estou ocupado no trabalho.

Essas eram tarefas tangíveis que Marcus poderia realizar. Com certeza elas deixariam Sarah um pouco aborrecida, mas com o tempo elas resgatariam alguma energia que Marcus poderia direcionar a seus próprios objetivos. "Como você gostaria de usar essa energia que sobrou para ser mais responsável por si mesmo?", eu lhe perguntei.

- Gostaria de tirar alguns minutos no trabalho para relaxar, sem ficar o tempo todo com comida diante de mim.
- Gostaria de poder controlar minhas próprias emoções quando Sarah come besteira.
- Gostaria de acordar quinze minutos mais cedo, para poder ir caminhando para o trabalho.

Ao se focar menos no que se relacionava à Sarah e mais em suas próprias responsabilidades, Marcus estava aprendendo a ser mais seu próprio *eu*.

Começava a distinguir entre ser um parceiro solidário e o ato de cuidar de Sarah para manter as coisas apaziguadas. Se ela tinha um problema no trabalho, ele ouvia em vez de tentar resolver a questão. Se ela reclamava sobre a fatura do cartão de crédito, ele não se oferecia para pagá-la. Com o tempo, Marcus começou a notar que quando ele se focava mais em sua própria saúde física e mental, Sarah começava a se focar mais em suas próprias responsabilidades. O SARCUS estava perdendo seu poder, e dois indivíduos perfeitamente capazes estavam emergindo.

Apanhados num ciclo

Quando Marcus começou a trabalhar a si mesmo, deixando que Sarah fizesse o mesmo, ele descobriu que estava pensando mais sobre seu futuro. Sarah não aparecia com proeminência nessas imaginações, mas ele tinha um medo terrível de perguntar se ela sentia a mesma coisa. Marcus admitiu que, nas muitas noites em que ele e Sarah estavam juntos em casa, eles fumaram maconha ou beberam para aliviar a tensão. Caindo de novo na atitude de culpar o outro, Marcus reclamava que, quando bebiam, ela colocava bebida demais no copo dele. A bebida fazia com que as coisas se acalmassem, só que no fim os ressentimentos voltavam a aflorar. Eles irrompiam numa briga, iam reclamar com amigos e reatavam depois de se acalmarem. Mas, cada vez que isso acontecia, estavam ansiosos demais para enfrentar os verdadeiros problemas de seu relacionamento.

Eles ficavam preocupados com a possibilidade de que uma verdadeira conversa levasse ao fim do relacionamento. Tinham sido apanhados num ciclo de proximidade, conflito e distanciamento que girava e girava sem parar.

As pessoas podem ficar presas nesse tipo de ciclo durante muitos anos. Um intenso "estar juntos" na bolha do relacionamento faz você ficar alérgico a outra pessoa. O menor aborrecimento pode levar a uma briga explosiva, um contato com outras pessoas pode deslanchar a paranoia de estar sendo enganado. Para administrar sua ansiedade, as pessoas frequentemente se voltam para outras pessoas, buscando se acalmar, criando com isso triângulos. Um triângulo pode se configurar como ter um caso, reclamar com um amigo, ou até mesmo consultar um terapeuta. Quando essas pessoas de fora ajudam a administrar a ansiedade, os dois se acalmam o suficiente para voltar ao intenso "estar juntos" que deu início ao ciclo.

É importante notar que um intenso "estar juntos" não quer dizer intimidade. Marcus e Sarah tinham iludido a si mesmos ao pensar que viver juntos e estar em contato permanente eram a mesma coisa que ter um relacionamento sólido. Mas não era. Eles se falavam constantemente, entretanto não estavam se comunicando. Estavam se valendo de atividades, álcool e outras pessoas para administrar sua ansiedade. Essas estratégias estavam mantendo seu relacionamento no limite do suportável, e nenhum dos dois estava querendo finalmente se desgarrar.

O que é amor?

Então, se o objetivo para duas pessoas é funcionar como indivíduos capazes e aptos, onde entra o romance? Será que o "amor ridículo, inconveniente, consumidor, não podemos-viver-sem-o-outro" invocado por Carrie Bradshaw não passa de uma mentira? Bem, mais ou menos. Pessoas vivem cada uma sem a outra o tempo todo. Nossos parceiros levam o cão para passear sem nós. Viajam a trabalho. Às vezes terminam conosco, ou até mesmo morrem, e nós continuamos a viver. Claro, é bonito quando dois velhinhos casados, de 97 anos, morrem com a diferença de 24 horas. Mas a maioria de nós quer amar e, ao mesmo tempo, ser tremendamente resiliente.

Seres humanos são criaturas que se relacionam. Não somos feitos para existir sozinhos no mundo. Realmente precisamos um do outro para construirmos lares, ou fazermos bebês, ou nos sentirmos seguros. E isso é ótimo! Mas também somos indivíduos. Escalamos montanhas, escrevemos romances e curamos doenças. Temos objetivos e interesses que dizem respeito somente a nós. Um amor menos ansioso é um equilíbrio entre essas duas grandes forças – a individualidade e a necessidade de estar juntos. Parceiros devem trabalhar e funcionar juntos, mas também respeitar o lado individual do outro. Se não conseguirem, acabarão sendo duas pessoas que só estão tentando acalmar uma à outra o dia inteiro.

Marcus e Sarah estavam tão focados em manter a calma em seu relacionamento que tinham postergado o ato de compartilhar entre eles aquilo que cada um queria como indivíduo. E quando começou a trabalhar no sentido de ser mais seu *eu* no relacionamento, Marcus lentamente foi chegando ao ponto de ter a grande conversa. Uma noite ele pediu a Sarah que se sentasse com ele, declinou a taça de vinho e disse que queria uma parceira que contribuísse financeiramente com os gastos domésticos. Ele disse a Sarah que não estava interessado em continuar morando em Washington. Queria ter seu próprio restaurante, e no momento não estava interessado em ter filhos.

Dá para adivinhar o que aconteceu. Marcus e Sarah se deram conta de que cada um deles alimentava expectativas diferentes quanto ao futuro e ao casamento. De que, embora se amassem, nenhum dos dois era o parceiro que o outro queria no longo prazo. Após algumas conversas emocionadas, eles se separaram, e Marcus mudou-se daquele espaço minúsculo.

Estou compartilhando esta história com você porque eu a considero um sucesso, não um fracasso. Construir uma percepção mais forte de seu *eu* num relacionamento não significa que o relacionamento será bem-sucedido. Mas lhe dará uma maior oportunidade para encontrar outro que suscite menos ansiedade, um relacionamento com o equilíbrio certo entre individualidade e "estar juntos". Precisamos um do outro, sim, mas, olha, nós precisamos de nós mesmos, e como.

Suas perguntas

Observar:
- Quando eu culpo meu parceiro em vez de assumir a responsabilidade por mim mesmo?
- Como eu deixo meu parceiro agir por mim quando estou ansioso?
- Quando eu crio um triângulo com outra pessoa em vez de falar diretamente com meu parceiro?

Avaliar:
- Como seria meu relacionamento se eu fosse mais responsável por mim mesmo?
- E como seria se eu fosse menos responsável por meu parceiro?
- De qual aprendizado eu deveria lembrar para ser meu melhor *eu* num relacionamento?

Interromper:
- Como posso interromper comportamentos automáticos (como superfuncionar e criar triângulos) em meu relacionamento?
- O que posso fazer esta semana para assumir a responsabilidade por minha ansiedade em meu relacionamento?
- Quais oportunidades se apresentam quando consigo praticar ser mais eu como indivíduo em meu relacionamento?

Sua prática

Quando alguém nos ama, esse alguém quer ser útil. Com isso, pode ser fácil para nós começarmos a subfuncionar e deixar que a bolha do relacionamento assuma o controle. Especialmente quando estamos estressados! Reserve alguns minutos para fazer uma lista de todas as vezes em que, num relacionamento, foi mais fácil simplesmente deixar que seu/sua parceiro/a fizesse alguma coisa por você. Quais aptidões suas enferrujaram com o tempo? O que você nunca aprendeu a fazer? Você não gostaria de ser capaz de trocar um pneu, de fazer uma omelete, ou de se acalmar sozinho? Faça uma segunda lista de todas as aptidões que você gostaria de aprender ou reaprender para poder ser uma pessoa capacitada, à parte, em seu relacionamento. Não existe nada mais sexy!

CAPÍTULO 9
Fazendo amigos

"É mais divertido falar com alguém que não emprega palavras compridas e difíceis, e sim palavras curtas e fáceis, como 'E o almoço?'"

O URSINHO POOH

Mira veio fazer terapia porque estava exausta e solitária. Era uma estudante no primeiro ano do PhD em história, e tinha chegado a Washington alimentando a perspectiva de uma rica vida social. Com 23 anos, recém-graduada numa faculdade do interior, ela imaginava longas noites cheias de discussões intelectuais em bares excêntricos, com fascinantes habitantes da cidade. Mas a ansiedade de Mira tinha lhe reservado outros planos, e suas grandes esperanças de uma vida nova e chique tinham sido engolidas pela realidade. Achou que era uma tola por esperar que amigos devotados e leais lhe caíssem no colo, como acontecia em seus programas favoritos na TV.

Não ajudou muito Mira o fato de seus colegas na universidade formarem um grupo competitivo e ansioso. Estavam todos profundamente conscientes de que um dia estariam competindo por um punhado de empregos acadêmicos. E quando saíam juntos, queixavam-se de seus professores e de sua carga de trabalho. Todo dia Mira chegava em casa sentindo-se desanimada, sem descobrir um porto seguro. Seus quatro e intimidantes colegas pareciam ser típicos washingtonianos – eles trabalhavam, exercitavam-se e bebiam como profissionais. Para onde quer que se voltasse, Mira sentia não ser esperta o bastante para induzir alguém a sair com ela.

Assim, naturalmente, Mira começou a aceitar o conselho que sua ansiedade lhe dava: *aborte a socialização*! Naquele inverno ela ficou hibernando em seu quarto. Os trabalhos da faculdade cederam lugar ao hábito de reassistir na cama a seus programas favoritos. Mais adiante, essa procrastinação alimentou suas dúvidas de que merecia um lugar em seu programa acadêmico. Também ficou mais arisca em relação a seus colegas no alojamento. Em vez de exibir seus pobres talentos de cozinheira na cozinha compartilhada, Mira consumia sua conta bancária com delivery diário de comida. Ficava dormindo nos fins de semana e parou de responder às ligações de velhos amigos. Mira estava deprimida, e o curso era, oficialmente, o pior.

Quando veio para a terapia, Mira sabia que aquilo de que mais precisava era algo simples – outros seres humanos. Suspeitava de que não havia possibilidade de terminar o curso dentro de uma bolha cuidadosamente construída. Ela ansiava por ter a vida cheia de sincronismo que tinha experimentado com seus colegas da faculdade. Um pequeno grupo de estudantes e um cenário do interior os tinha aproximado como se fossem ímãs. Agora enfrentava o desafio de aprender a fazer amigos como adulta, o que trouxera para o primeiro plano, e central, todas as suas inseguranças.

Ansiedade e amizades

Relacionamentos têm muito a ver com nosso humor, nossa saúde e nossos comportamentos, e uma sólida rede de amigos pode diminuir o risco de doenças, de divórcio e até mesmo de morte. Interagir com amigos faz disparar suas endorfinas – o que estimula seu sistema imunológico e diminui a ansiedade – e a ocitocina, importante hormônio de ligação que pode ajudar a combater a depressão. Mulheres, em particular, parecem necessitar mais do que os homens dessa conexão. Pesquisadores descobriram que as mulheres têm esses benefícios quando veem seus amigos pelo menos duas vezes por semana.

Nós nos perdemos em fervilhantes endorfinas ou vagas ocitocinas quando permitimos que a ansiedade dite o que somos e como agimos com amigos ou amigos potenciais. A ansiedade é um agente diluidor das relações humanas. Em seu esforço para manter as coisas calmas e sob nosso controle, ela transforma nossas amizades em versões aguadas da coisa real.

A ansiedade de Mira estava, definitivamente, assumindo o comando de sua vida. Ela achava que cada uma das pessoas com quem se encontrava era mais bem-sucedida ou mais fabulosa do que seu desajeitado *eu*. Sua ansiedade empurrava seu cérebro de volta para seu tempo de ensino médio, quando as fronteiras entre as hierarquias sociais eram impenetráveis. Ao obscurecer a realidade e lhe impor esse medo, sua ansiedade fazia a ação de construir amizades parecer impossível.

Felizmente, somos mais inteligentes e mais criativos do que nossa ansiedade. Lembra daquelas quatro previsíveis estratégias que mencionamos no capítulo 5? Não funcionam apenas em nossas famílias - nós as empregamos em nossas amizades já existentes e nas potenciais. E quando você é capaz de criá-las, também é capaz de interrompê-las.

Mira começou a observar como funcionava em relação a possíveis amigos e descobriu que era uma especialista em usar triângulos e distância para manter as coisas tranquilas.

Triângulos

Amizades instáveis são frequentemente estabilizadas por meio de triângulos. Quando uma conversa começa a ficar tediosa, é possível que você comece a fofocar sobre a vida amorosa de outro amigo. Talvez uma amizade seja construída com base num desdém mútuo por colegas de classe, companheiros de trabalho, ou até mesmo um ator. Se você está cético quanto a isso, pegue um amigo e veja por quanto tempo são capazes de falar sobre vocês mesmos antes de mudar a conversa para falar de uma terceira pessoa. Difícil, não?

Mira percebeu como suas amizades com seus colegas estudantes do PhD eram como um banquinho com duas pernas - se não houvesse uma terceira pessoa de quem se queixarem, elas não eram estáveis. Suas amizades eram construídas sobre seu mútuo desdém por seus professores. Nas conversas no almoço zombavam de quem dava aulas terríveis ou tinha um gosto duvidoso no vestir. Quando as anedotas humorísticas acabavam, falavam sobre sua carga de trabalhos ou sobre as sombrias perspectivas de conseguirem emprego. Embora gostasse desses momentos, Mira sempre saía desses encontros sentindo-se irritada. Não sabia nada a respeito de seus colegas e imaginava que eles não estavam particularmente interessados em conhecê-la melhor. Olhava para eles e via pessoas mais ricas e mais inteligentes do que ela. Talvez o caos e os ressentimentos da vida acadêmica fossem os únicos elementos capazes de sustentar sua camaradagem. Não era uma amizade - era uma espécie de respiradouro.

Distância

Manter distância é uma estratégia comum para administrar ansiedades em amizades ou em amizades potenciais. Talvez você só consiga conhecer pessoas novas se tiver tomado um drinque. Talvez você tente sentir-se seguro em reuniões sociais falando apenas sobre o clima ou sobre o trabalho. Se você é realmente um apaixonado por meteorologia, vá em frente. Se não, considere que talvez esteja escondendo seus verdadeiros interesses, suas paixões e seus pensamentos por medo de rejeição ou desaprovação.

São infindáveis as maneiras pelas quais nós nos encolhemos, nos esquivamos e rebatemos a possibilidade de sermos realmente enxergados pelos outros. Talvez você recorra ao sarcasmo ou se feche a cumprimentos, como se fosse um goleiro numa Copa do Mundo. Quando nos distanciamos, nosso pseudo*eu* começa a trabalhar duro, fazendo-nos parecer mais tranquilos ou menos tranquilos do que realmente estamos. Todo esse trabalho para nos distanciarmos nos transforma em pessoas brandas e desapaixonadas. Fazendo este jogo seguro você pode travar muitos conhecimentos, mas poucas amizades verdadeiras.

Mira era mestre em usar a distância em relação a amigos potenciais. Claro, havia a distância física criada pelo fato de se esconder em seu quarto, ou não ir a eventos sociais. Mas também estava se distanciando emocionalmente, ao recusar compartilhar o que realmente tinha em mente ou o que realmente a animava. Ela deixava que seus conhecidos conduzissem a conversa, mesmo se isso a entediasse a ponto de quase chorar. Quando emitia sua hesitante opinião, desculpava-se pela audácia de ter tido uma ideia.

Também usava a distância ao recusar ajuda das pessoas que se importavam com ela. Quando teve uma intoxicação alimentar, não foi capaz sequer de pedir a alguém que a acompanhasse até a emergência. Mas, sem pestanejar, era a primeira a esticar a mão e pegar a conta do restaurante que não tinha condições de assumir, ou a se oferecer para alimentar por um mês o bicho de estimação de um amigo virtual. Ficava contente ao cruzar a fronteira que separa um amigo de alguém a quem é fácil agradar, mas defendia, vigilante, a muralha que a separava dos outros.

Com o tempo, o abismo entre seu *eu* seguro e seu *eu* real ia ficando maior. Parecia impossível estabelecer uma ponte entre os dois.

Como administramos a ansiedade nas amizades

Triângulos	Super/ subfuncionamento	Conflito	Distância
Fofocar	Sempre estar no comando	Prosperar com o drama	Manter-se na superficialidade da conversa
Desabafar	Dar conselhos	Focar nos defeitos	Ser sarcástico
Fazer do outro o bode expiatório	Reconfortar constantemente	Enxergar os outros como o problema	Beber ou se drogar
Criticar	Deixar os outros escolherem sempre	Insistir que os outros mudem	Dispensar elogios/ felicitações
Culpar os outros	Depender de reafirmações		Cancelar no último minuto
Precisar de alguém como amortecedor	Atuar como uma pessoa indefesa		

O terror da vulnerabilidade

Comportamentos que visam a administrar a ansiedade podem sugar toda a energia de uma amizade. Resta pouca para sermos nós mesmos e simplesmente relaxar. Parece impossível ser vulnerável numa amizade baseada em fofoca ou sarcasmo, ou que pode irromper em conflito a qualquer momento.

Até aqui falamos muito sobre funcionar como um *eu*, ou como um indivíduo. No entanto, ser mais responsável por si mesmo não significa que você viva como um eremita. Ou que você nunca possa pedir ajuda. Na verdade, isso fortalece sua capacidade de ser vulnerável em suas amizades. Dá a você coragem para se apoiar em outras pessoas quando precisar. A mais hábil em diferenciação das pessoas pode compartilhar seu pensamento, suas crenças e seus interesses mesmo que um amigo discorde dela ou não a compreenda.

O que é vulnerabilidade? A dra. Brené Brown (também conhecida como Guru da Vulnerabilidade) define o termo como "incerteza, risco e exposição emocional". A ansiedade nos impede de assumir esse risco em nossas amizades. A ansiedade quer que mantenhamos o *status quo*. Assim, se você sempre conversou com seus amigos sobre futebol, sua ansiedade não acha, absolutamente, que você deva falar sobre o divórcio de seus pais. Se você é, no colégio, o amigo que sempre planeja reuniões, sua ansiedade não deixará que você interrompa isso e permita que outra pessoa assuma a tarefa. Se você é a única pessoa conservadora em seu grupo de amigos, sua ansiedade quer que você fique calado quando seus amigos liberais estiverem comentando as notícias da política.

Como mencionei anteriormente, a questão nunca é se essas estratégias são saudáveis ou não. A questão que mais interessa é: qual é o preço? O que você está perdendo quando presta atenção à sua ansiedade em suas amizades? Talvez uma conexão mais próxima com alguém que conheceu. Talvez a capacidade de receber ajuda quando precisar dela. Talvez você esteja arrastando uma amizade que deveria ter terminado muito tempo atrás. Quando você fizer essa pergunta, poderá descobrir que esse terror que é a vulnerabilidade vale 100% o risco.

Ocupando espaço

Depois de passar algum tempo observando suas inseguranças, Mira descobriu que estava pronta para assustar a si mesma assumindo alguma vulnerabilidade. Estava cansada de se recusar a permitir que seu verdadeiro *eu* existisse no mundo. Sua ansiedade queria que ela anulasse toda parte de si mesma que pudesse causar estranheza ou desaprovação. O que restara era uma concha, um invólucro de pessoa que se moldava às opiniões ou comportamentos dos outros, ou recuava para o pano de fundo. Não era de admirar que estivesse deprimida.

"Só quero ocupar algum espaço!", ela disse.

Consideramos juntas o que significaria para ela ocupar espaço em suas amizades. Eis as ideias que ela criou.

Princípios de Mira quanto à amizade:

- Serei honesta quando estiver tendo um dia difícil e deixarei que as pessoas reajam a isso como queiram.
- Pedirei e aceitarei ajuda sempre que precisar.
- Direi a novos amigos que gosto deles e que quero passar algum tempo com eles.
- Conversarei sobre as coisas que genuinamente me agradam.
- Vou andar por aí como alguém que pertence a este mundo.

Armada com esses sólidos princípios, Mira estava reduzindo as probabilidades de que seu piloto automático interviesse. Subitamente, ela dispunha de outras opções que não a de criar triângulos ou se distanciar. Podia sentir-se insegura, mas não teria de *agir* de modo inseguro.

Mira decidiu que o lugar no qual seria mais fácil começar era com seus colegas de classe. Queria desenvolver relacionamentos reais com aquelas pessoas – eles compartilhavam interesses comuns e estariam juntos durante pelo menos cinco anos. Não demorou muito para a oportunidade se apresentar. Certa vez estavam jantando juntos, e a conversa consistia em reclamar de determinado professor. Era o momento! Mira respirou fundo, voltou-se para quem estava a seu lado e disse: "Quero comentar com você o romance que estou lendo. Acho que você ia gostar dele". Para sua surpresa, ele ficou entusiasmado com a mudança no assunto da conversa.

Incentivada por esse sucesso, Mira decidiu começar a ocupar algum espaço em casa. Era tempo de enfrentar o medo de cozinhar na frente de outras pessoas. Numa tarde de sábado, ela comprou ingredientes para fazer uma torta e ocupou algum espaço na cozinha. Inevitavelmente, uma de suas colegas de alojamento entrou na cozinha bem no meio de sua desastrosa tentativa de fazer a torta. No passado, Mira teria abandonado de vez seus esforços ou se desculpado por estar fazendo uma bagunça na cozinha. Mas agora ela tinha como missão fazer o contrário do que sua ansiedade queria que fizesse. Com o coração acelerado, ela voltou-se para sua colega e exclamou: "Não tenho ideia do que estou fazendo! Mas aceito a sua ajuda, se você quiser ajudar". Uma hora depois ela tinha uma medíocre torta de maçã e uma nova amizade brotando.

Terminado o semestre, Mira era novamente um ser humano tridimensional e começara a ocupar espaços. Ligava para velhos amigos quando se sentia solitária, mesmo que estivesse preocupada com a possibilidade de os estar entediando. Não começava a conversa telefônica com a frase "É uma hora ruim para ligar?". Acreditava que era responsabilidade dos outros dizer se ela os estava incomodando, ou de mudar de assunto se os estivesse entediando.

Ao trabalhar em seu nível de diferenciação com suas amizades, Mira estava encontrando o espaço certo entre o isolamento e a completa dependência. Era capaz de assumir riscos e de sobreviver à rejeição. O mundo não acabava quando as pessoas não respondiam às suas mensagens ou não se mostravam interessadas em conhecê-la. Focava sua energia nas pessoas que de fato se mostravam interessadas, e aprendeu a não ser tímida quanto a dizer às outras pessoas que queria que fossem amigas. Isso era excepcionalmente ousado, e Mira quase sempre recebia uma resposta positiva. Afinal, quem não gosta de que lhe digam que é interessante e que valeria a pena conhecê-lo? As pessoas gostam disso.

Mira também começou a constatar que as relações maduras que estava construindo eram mais valiosas do que as amizades ficcionais tipo "tudo ou nada" que uma vez tinha almejado. Ela tinha ansiado por um amigo que ligasse para ela às três horas da manhã para conversar sobre uma "não crise", mas agora curtia o fato de seus amigos serem humanos capazes. Ela precisava de amigos que a amassem e respeitassem pelo que realmente era - não de amigos que se sentissem responsáveis por sua ansiedade.

Pessoas mais hábeis na diferenciação tendem a ter amizades mais profundas e um maior número de amigos. São capazes de ter amigos com crenças ou experiências diferentes das delas. São capazes de ser um recurso e uma referência para seus amigos sem se sentirem responsáveis por cada um deles. São capazes de fazer e de perder amigos, de suplantar amizades e de crescer com elas. Isso pode não dar grande assunto para a televisão, mas as amizades maduras são menos exaustivas e mais interessantes. Quanto mais você se focar em ser a pessoa que deseja ser, mais convidará para que entrem em sua vida aqueles que vão permitir que você seja essa pessoa.

Suas perguntas

Observar:
- Quais são os comportamentos ansiosos que me impedem de construir amizades mais gratificantes?
- Como uso meu pseudo*eu* quando estou fazendo amizades?
- Quando é difícil ser vulnerável em relação aos amigos?

Avaliar:
- Quais oportunidades em relação às amizades deixei escapar por causa da ansiedade?

- De quais princípios eu deveria me lembrar quando procurar novos amigos?
- Quais aspectos de mim mesmo eu deveria compartilhar mais em minhas amizades?

Interromper:
- Quais futuras oportunidades terei para trabalhar as inseguranças em amizades?
- Como ser capaz de construir amizades individuais que se baseiem menos em fofoca ou desabafos?
- Como ser capaz de lembrar meus princípios quando me sentir ansioso ao conhecer alguém?

Sua prática

Todos nós dispomos de meios para trazer mais de nosso *eu* para as amizades. Talvez isso signifique ser mais honesto ao enfrentar algum desafio. Possivelmente você gostaria de falar mais sobre suas paixões, mesmo se isso for tremendamente tedioso para as outras pessoas. Talvez você já esteja cheio de alimentar o gato demoníaco de alguém e precise dizer a ele que contrate um *pet sitter*. Escolha uma amizade na qual seu nível de ansiedade é alto e pense em todas as maneiras pelas quais você poderia ocupar nela espaço em vez de ocultar seus verdadeiros pensamentos e suas paixões. Ocupar espaço não tem a ver com ser egoísta ou tacanho. É simplesmente honrar os componentes de si mesmo que não devem estar disponíveis para um debate ou uma negociação.

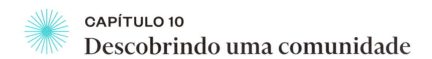

CAPÍTULO 10
Descobrindo uma comunidade

"O dilema essencial de minha vida é meu desejo profundo de pertencer, e minhas dúvidas quanto ao pertencimento."

JHUMPA LAHIRI

Philip veio para a terapia por ter recebido um poético pé na bunda. Ele era um assistente administrativo de 26 anos, cuja vida mantinha-se num padrão de espera. Tinha se mudado para a cidade para escapar de sua pequena cidade natal em Michigan. Dois anos depois, tinha poucos amigos fora do trabalho. E tinha pouca energia para fazer qualquer coisa, exceto ficar olhando seu cão farejar as embalagens de delivery que emporcalhavam seu apartamento. À noite, ele lutava contra a insônia, perguntando-se se deveria pagar a fiança do aluguel e voltar para sua cidade.

Philip me explicou que ficava paralisado quando pensava em seu futuro. Tinha feito tudo o que supostamente tinha de fazer – ir para a faculdade, economizar dinheiro e sair da casa dos pais para um novo emprego e uma nova cidade. Mas os aluguéis estavam fora de controle, o governo exigia o pagamento do empréstimo estudantil, e um grande vazio engolia todos os formulários de candidatura a um emprego que ele enviava. Philip estava empacado, e sua ansiedade estava estrondeando a pleno volume.

Quando nos focamos como um raio laser em algo que realmente queremos, esquecemos que existe mais de uma forma de crescer. Perguntei a Philip o que ele queria fazer para construir um senso mais forte de seu *eu* enquanto aguardava sua carreira deslanchar. Philip disse que o que realmente queria era entrar num grupo de poesia. Na faculdade ele fizera um breve curso de escrita criativa com foco em poesia.

Philip admitiu que ficava ansioso ante a ideia de se juntar a um novo grupo de pessoas estranhas. Será que não o levariam a sério, por não ter escrito nada durante anos? Seriam eles apenas um bando de esquisitões com demasiado tempo livre? A ideia toda parecia envolver encrenca demais para o que valia.

Pare de arranjar desculpas

A ansiedade é uma condição que é alimentada por isolamento e por ruminação. Quando negamos a nós mesmos uma comunidade, perdemos contato com pessoas ponderadas e entusiasmadas que poderiam desafiar nossas piores crenças sobre nós mesmos. Mas frequentemente vemos a comunidade como um luxo em vez de vê-la como um componente essencial de nosso bem-estar.

Geralmente essa atitude de evitar uma comunidade é a sua ansiedade usando a máscara da autonegação. Como sua ansiedade gosta de encontrar motivos para manter você afastado de uma comunidade, ela irá lhe oferecer temporadas de séries que você não assistiu e pizza na cama. Vai lembrar que você não tem o que vestir para sair, ou que há 20% de probabilidade de chover. Vai lhe mostrar sua lista de coisas por fazer, apontar para a pilha de roupa para lavar e sugerir que simplesmente não é um bom momento para você desbravar um território desconhecido. É fácil desenvolver uma Síndrome do Assim Que quando se trata de explorar uma nova comunidade. Você já usou alguma vez a desculpa do "assim que" para se esquivar de uma comunidade?

- Vou entrar num time de frisbee assim que me estabelecer melhor no trabalho.
- Vou voltar a frequentar cultos religiosos assim que terminar o semestre.
- Vou conhecer esse grupo de corrida assim que conseguir correr sozinho cinco quilômetros.
- Vou me mudar ano que vem, então vou começar a fazer trabalho voluntário assim que me estabelecer.

Quando tratamos uma comunidade como se fosse algo a ser merecido por nós, esquecemos que ela é o lugar onde aprendemos a nos definir para os outros, a ser a pessoa que queremos ser. Sem uma comunidade, é improvável que você se sinta estável ou tranquilo. A comunidade é o bolo, não a cereja. Mas geralmente nossa ansiedade vai nos dizer o contrário.

Philip e eu conversamos sobre as desculpas de "assim que" que ele dava para ficar fora de uma comunidade. Estava dizendo a si mesmo que entraria num grupo de escrita assim que tivesse um novo emprego, músculos abdominais apresentáveis e um diário repleto de novos poemas. Quando enunciava essas desculpas em voz alta, dava-se conta de que tinha posto o sarrafo alto demais. Ele poderia ou ficar em casa, matutando sobre seus objetivos não alcançados, ou viver sua vida e comer uma fatia do bolo. Vasculhou a internet e logo encontrou uma lista de três potenciais grupos de encontro centrados em poesia. Mas Philip não chegava a esses encontros sozinho - ele levava sua ansiedade junto.

Comunidade é algo imperfeito

É preciso ter muita coragem para entrar num grupo de pessoas estranhas. Apresentar-se é apenas o começo. Quando você chega, provavelmente vai descobrir que a comunidade está cheia dessas criaturas ansiosas conhecidas como humanos. As pessoas no grupo terão variados níveis de maturidade e de ansiedade. E, assim como nossas famílias, todo grupo provavelmente vai usar essas estratégias de administração de ansiedade que mencionamos. É inevitável que haja conflito. Triângulos vão surgir quando as pessoas estiverem insatisfeitas com um membro ou um líder. As pessoas vão se distanciar umas das outras e sair quando não estiverem contentes com alguma decisão. Alguns membros tentarão controlar tudo, outros não vão carregar este ônus.

Philip descreveu os encontros de poesia aos quais comparecera, e parecia ser uma versão literária de *Cachinhos dourados e os três ursos*. O primeiro grupo foi muito caótico, ele disse. As pessoas se eriçavam demais quando seus poemas eram criticados, e parecia que não havia alguém encarregado de planejar os encontros. O segundo foi demasiadamente intimidante - muitos no grupo tinham mestrado em artes e se gabavam de terem sido publicados. Ele deixou o primeiro grupo sentindo-se exausto, e o segundo sentindo-se inseguro.

Philip nunca descobriu se o terceiro grupo seria o certo porque ficou desanimado demais para conhecê-lo. Seu orgulho já fora ferido numa busca de emprego malsucedida, e não tinha previsto quão reativo ele se sentiria entre pessoas que trocavam entre si *feedbacks*. Sua ansiedade estava buscando motivos para pagar a fiança e cair fora, e ele achou um bufê pleno de pretextos nesses grupos de poesia.

Quando você entra numa nova comunidade, pode ser útil preparar-se para uma resposta de sua ansiedade. Afinal, cabe a ela farejar ameaças e desdém em novos ambientes. Mas cabe a você baixar o nível do melodrama e se agarrar ao pensamento, baseado na realidade e em princípios, que pode ajudá-lo a decidir se um grupo é adequado para você.

Vamos praticar!

> **Cenário:** Você vai até o culto religioso e ninguém se aproxima de você para dizer "oi".
> **Pensamento ansioso:** Como ousam não me apreciar! Eu sou uma pessoa maravilhosa!
> **Pensamento baseado em princípios:** Apresentar-me a pessoas que eu gostaria de conhecer é minha responsabilidade.
>
> **Cenário:** Você chega à reunião de um grupo político local e acha que ela está um tanto desorganizada.
> **Pensamento ansioso:** Tenho de assumir o controle e salvar a república.
> **Pensamento baseado em princípios:** Nem todo mundo é tão eficiente quanto eu, mas está tudo bem!

> **Cenário:** Você entra num time de softball e eles escalam você no campo da esquerda.
> **Pensamento ansioso:** É hora de subir numa árvore e nunca mais descer!
> **Pensamento baseado em princípios:** Estou aqui para me divertir, não para me tornar um profissional.

Você não tem a obrigação de se juntar a um grupo que detesta, ou ficar em um que já superou. Mas você tem de administrar sua ansiedade antes de tomar essa decisão.

Conheça a si mesmo

Entrar num grupo não é algo tão assustador quando você é capaz de prever como vai reagir. Como fazer isso então? Fácil – apenas observe como você age em sua família. Se é o filho mais velho em sua família e gosta de bancar o chefe de todos à sua volta, você poderá assumir muita responsabilidade num grupo. Se é distante de seus pais, poderá sair de uma comunidade quando as coisas ficarem tensas ou entediantes. Se sua família é cheia de triângulos, talvez você goste de fofocar. Conhecer a si mesmo é se permitir uma tentativa decente de fazer algo diferente.

Philip era o filho mais velho. Ele almejava ordem e não gostava que lhe dissessem o que fazer. Se não fosse o encarregado de planejar um jantar de família, simplesmente não aparecia. Esforçava-se por ver as pessoas como ineficientes, mas, quando elas se mostravam capazes, ele sentia-se ameaçado. Assim, não era de surpreender que ficasse impaciente ou se sentisse atacado quando comparecia aos encontros desses grupos literários. Num dia bom, talvez conseguisse morder os lábios e invocar seu melhor *eu*. Mas este ano tinha sido penoso, e era difícil sobrepor-se a seu funcionamento automático. Estava focado em todos os outros em vez de em si mesmo. A única maneira que conhecia de gerenciar sua reatividade era simplesmente evitar todo tipo de comunidade.

É comum as pessoas comentarem que uma congregação, um clube ou uma equipe é a família que nunca tiveram. Mas sejamos honestos - mudar de grupo não muda o modo como você funciona. Não nos tornamos magicamente menos ansiosos nem pessoas mais maduras por não nos relacionarmos com as pessoas a nossa volta. Estamos demasiadamente programados para sermos capazes de interromper nosso funcionamento ansioso com uma simples mudança de companhia. Em algum nível de estresse, nosso piloto automático vai sempre ligar. Talvez apenas leve mais tempo para isso acontecer no seu grupo de canto *acapella* do que na companhia da vovó.

Lembra como interrompemos nosso piloto automático? Definindo nossos princípios! Assim como é útil ter princípios orientadores sobre de que maneira atuar em sua família, você deveria ter algumas ideias sobre como quer se comportar em qualquer grupo composto por humanos. Eis aqui alguns exemplos.

Princípios para uma comunidade
- Vou encontrar uma comunidade em cuja missão eu acredite e endosse.
- Vou permanecer focado nessa missão, mesmo em momentos de ansiedade.
- Vou definir meu compromisso com essa comunidade e honrá-lo.
- Vou lembrar que os desafios de relacionamento numa comunidade são inevitáveis.
- Vou tentar administrar meu próprio funcionamento ansioso, e não o dos outros.

Isso pode soar um pouco exagerado para você. Afinal, é improvável que eventos mundiais ou um delicioso escândalo venham a estremecer os alicerces de seu clube de jardinagem, não é? Talvez, mas onde quer que seres humanos se reúnam, haverá momentos de tensão. Quando você dispõe de princípios para guiá-lo nesses momentos, estará mais preparado para amenizar um drama, ou caos ou arrogância eventuais.

O exército de Dumbledore

Philip não era uma Emily Dickinson – ele sabia que precisava de uma comunidade para poder construir seu senso de *eu*. Mas primeiro tinha de reconfigurar o modo como pensava seus relacionamentos num grupo. Estava empregando as estratégias de conflito e distância para administrar sua ansiedade naquela comunidade. Era provável que houvesse ao menos uma pessoa mais talentosa do que ele, o que sempre o deixava na defensiva (conflito). E se Philip considerava as pessoas menos talentosas ou desorganizadas, tendia a se afastar (distância). Ele se ressentia ao receber *feedbacks*, fossem quais fossem, e a comunidade tornava-se tudo, menos algo que o tranquilizasse. Ele precisava achar um modo de se manter conectado ao grupo, mas fora dessas emoções. Em outras palavras, ele precisava trabalhar no sentido de se tornar mais hábil na diferenciação.

Sugeri a Philip que ele pensasse em seu grupo de poesia como sendo uma espécie de exército do Dumbledore. Em *Harry Potter e a Ordem da Fênix*, Hermione e os outros reúnem um grupo para que os estudantes de Hogwarts pudessem aprender como enfrentar Voldemort. Não estavam competindo uns com os outros – estavam compartilhando as habilidades que tinham desenvolvido para enfrentar um inimigo comum. Não importava quem estivesse mais avançado e quem apenas começando.

Philip era fã de Harry Potter, gostou dessa analogia e tentou imaginar seu grupo de poesia como uma equipe capaz de apoiar e ensinar uns aos outros em suas jornadas criativas. O inimigo deles era a procrastinação, ou a dúvida em relação a si mesmos, ou o que quer que precisasse que fosse, exceto qualquer outra pessoa no grupo. Ele estava tirando o problema do âmbito dos relacionamentos e trazendo o desafio de volta para si mesmo. Philip percebeu que não precisava de uma comunidade literária que sempre o elogiasse ou que funcionasse como um submarino nuclear. Precisava apenas do apoio de humanos que também desejassem viver uma vida criativa.

Após alguma deliberação, Philip decidiu frequentar o grupo de poesia que o desafiaria um pouco mais, mesmo que se sentisse inseguro de tempos em tempos. Exigiria certa prática aprender a administrar sua reatividade, mas ele conseguiria se se agarrasse a seus princípios. O grupo poderia ajudá-lo a aprender que críticas não são coisas terríveis, o que por sua vez faria sua busca de emprego ser menos desesperançada. Sabia que eventualmente ia conseguir algo, e enquanto isso poderia curtir a vida e a poesia.

Uma comunidade, como uma família, é outro lugar no qual somos desafiados a ser nossos melhores *eus*. Afinal, se não for capaz de ser você mesmo quando conectado a outras pessoas, será realmente capaz de ser o seu melhor *eu*? Aqui entra o trabalho da diferenciação. A ansiedade vem e vai embora, mas aquele que somos entre outras pessoas é quem verdadeiramente nos define.

Suas perguntas

Observar:
- Como a ansiedade me impede de me juntar a uma comunidade?
- Como a ansiedade ou a insegurança afeta meu comportamento numa comunidade?
- Alguma vez eu me arrependi de sair rapidamente de um grupo? Por quê?

Avaliar:
- Quais perguntas seriam úteis fazer a mim mesmo antes de me juntar a um grupo?
- Como eu poderia replicar a dinâmica de minha família numa comunidade à qual me juntasse?
- Quais são meus princípios para funcionar de modo tranquilo e maduro numa comunidade?

Interromper:

- A quais grupos eu gostaria de me juntar no ano que vem?
- Como posso trabalhar para me sentir mais confortável com a imperfeição de uma de minhas comunidades?
- Como acessar minhas melhores ideias numa comunidade quando a tensão está alta?

Sua prática

Você alguma vez teve a Síndrome do Assim Que quando ponderava se entrava ou não num novo grupo ou comunidade? Como foi que sua ansiedade o impediu de conhecer pessoas novas? Ela repreendeu você por não estar focado o bastante em sua carreira ou em sua saúde? Lembrou a você todas as vezes que outras comunidades o decepcionaram ou o rejeitaram? Tire alguns minutos para anotar todos os pretextos que você usou para rejeitar uma comunidade. Depois considere como o fato de estar numa comunidade pode ter um impacto positivo em sua vida. Qual grupo de humanos ansiosos poderia tornar sua vida mais interessante?

Façamos uma revisão da Parte II

Esta seção foi toda sobre como administrar a ansiedade em seus relacionamentos. Eis o que aprendemos.

1. **Compreenda que sua família é uma máquina de administrar ansiedade.** Nós estamos beneficiando a nós mesmos quando nos vemos como parte de um sistema de relacionamento que é construído para gerenciar tensão. Se olharmos para o sistema maior, é menos provável que culpemos os outros e mais provável que enxerguemos o papel que desempenhamos na resposta à ansiedade.

2. **Conheça as estratégias que os grupos usam para manter as coisas tranquilas.** Nossas famílias e outros grupos empregam estratégias previsíveis para administrar a ansiedade, que podem incluir distância, conflito, super/subfuncionamento e triângulos. Cada um desempenha um papel nesse processo emocional, que frequentemente segue um padrão multigeracional.

3. **Preveja como você vai usar essas estratégias quando se sentir ansioso ou inseguro.** Se soubermos quais estratégias usar para gerenciar a ansiedade, é provável que as usemos em nossos relacionamentos e teremos mais probabilidade de conseguir interromper nosso funcionamento automático. Poderemos ser mais objetivos e responder aos desafios com mais maturidade e tranquilidade.

4. **Trabalhe em seus relacionamentos primordiais para beneficiar todos os setores ansiosos da vida.** O contato com nossos pais e com outros membros da família é uma oportunidade para trabalhar a diferenciação e administrar nossa reatividade. É difícil definir a si mesmo nesses relacionamentos, mas a capacidade de fazer isso pode reduzir a ansiedade em outras áreas da vida.

5. **Trate de definir seus princípios quando atravessa um período de tensão com outras pessoas.** Para conseguir uma alternativa a um funcionamento ansioso, você deve se dar um tempo para definir como responder quando se sentir inseguro ou ameaçado. Pode ser útil definir princípios quando passa por desafios como namorar, fazer amigos ou participar de uma comunidade.

6. **Pratique ser você mesmo num relacionamento com outras pessoas.** Uma vez definidos seus princípios, você deve buscar oportunidades para viver de acordo com eles em tempos de estresse ou incerteza. Isso frequentemente vem com muitas tentativas e muitos fracassos. Mas qualquer pequeno progresso é capaz de mudar uma vida.

Se todos esses tópicos parecerem ser uma sobrecarga, mantenha-se focado nestes três verbos: **observar, avaliar** e **interromper.** Compreenda como você age quando está ansioso. Pense em quem você gostaria de ser em vez disso. Depois tente ser esse alguém, em toda a sua desajeitada glória!

III Sua carreira ansiosa

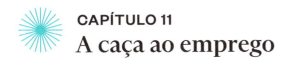

CAPÍTULO 11

A caça ao emprego

"Lembre-se sempre de que você é absolutamente único.
Assim como todos os outros."

MARGARET MEAD

Chris nunca contou a seus pais que tinha concluído a pós-graduação. Eles teriam lhe perguntado por que estava trabalhando como barman se tinha um mestrado em educação museal. Mas lá estava ele, dez meses depois do término da pós-graduação, preparando drinques para turistas em vez de transmitir conhecimentos para a mente de crianças. Tinha ficado um pouco nervoso quando terminou o curso sem ter um emprego, mas tranquilizou-se com o fato de que muitos de seus colegas de classe estavam no mesmo barco. No momento que ele veio para a terapia, sua cabeça estava completamente sem tranquilidade. Sua ansiedade lhe dizia que seu investimento educacional tinha sido uma grande perda de tempo.

Procurar um emprego é um empreendimento particularmente cheio de ansiedade. Considere a insegurança de estar desempregado ou subempregado, aumente a pressão ao ver a conta bancária ir encolhendo, acrescente as expectativas da família e da sociedade, e você está sendo cozinhado numa caçarola de pânico extremamente quente. De nada ajuda o fato de a maioria das buscas de emprego ser impessoal e desconcertante – enviar um formulário on-line parece mais o ato de enviar uma mensagem numa garrafa do que o de estar se comunicando com outro ser humano.

Todos esses fatores faziam com que Chris se sentisse reativo e exausto. Ele contou como tinha optado por trabalhar à noite como barman a fim de dispor de tempo livre durante o dia para se candidatar a empregos. Na maioria das noites ele ajustava o despertador para as sete horas da manhã, pensando em ir a um café e preencher formulários de emprego.

Mas quando chegava a hora, uma dúzia de vezes Chris apertava a função soneca. Já no meio da manhã, uma avassaladora sensação de culpa tinha embotado toda motivação para começar.

Constrangido com suas procrastinações, Chris continuou mentindo para sua família, dizendo que ainda estava fazendo o curso. Parou de sair com amigos que franziam a testa para ele, com simpatia, e evitava situações sociais em que as pessoas lhe fariam a inevitável pergunta: "O que está fazendo agora?". Esse isolamento alimentava sua autocrítica, que depois o prendia à cama toda manhã. Ele não tinha ideia de como romper o ciclo.

Atacar e evitar

Nessa busca por encontrar um emprego num museu, Chris ziguezagueava para a frente e para trás entre atacar o problema e evitá-lo totalmente. Chegava em casa do bar às duas horas da manhã, exausto e irritadiço. Mas sua ansiedade o mantinha desperto, e ele passava horas no escuro percorrendo sites de empregos. Acabava ficando frenético e enviando seu currículo a museus bizarros de cidades desconhecidas no fim do mundo, para onde nem sequer queria ir. Se um emprego parecia ser interessante mas preencher o formulário exigia mais trabalho, ele facilmente ficava frustrado e abandonava os esforços. Após algumas noites de puro pânico, Chris voltava à sua rotina da função soneca. Passavam-se semanas sem nenhum progresso, até recomeçar a crise das três horas da manhã.

Atacar e evitar, lutar e fugir: é o que nossa ansiedade faz de melhor. Quando enfrentamos um monstro, ou ficamos em posição fetal, ou brandimos uma espada com os olhos vendados. Quando alimentamos um problema e inevitavelmente recuamos dele, é fácil esquecer que talvez devêssemos, em vez disso, levá-lo para um bom almoço. Quando nos sentamos à mesa diante de um desafio, ele de repente não parece ser tão intimidante.

Pedi a Chris que descrevesse com palavras um caminho intermediário entre essas mudanças de 180 graus em sua produtividade. Chris escolheu palavras como observar, compilar, construir, movimentar e assim por diante. Nós ficamos com "aproximar". Aproximar é o estilo do caçador de emprego hábil em diferenciação, capaz de manter contato com o desafio sem ser assoberbado por suas emoções. Aproximar significa fazer sua lição de casa sabendo o que quer e compreendendo o que vai ser preciso fazer para chegar lá.

Chris elaborou um plano para abordar a caça ao emprego e achar a atitude intermediária entre atacar e evitar. Em vez de trabalhar nisso às três horas da manhã ou acertar o alarme para às sete, ele reservou uma janela de trinta minutos, todo dia, na hora do almoço. Se estivesse a fim, trabalhava nisso por mais tempo, mas, se estivesse ansioso, permitia-se parar. Poderia dar uma caminhada, ou tomar uma ducha quente, antes de retomar a tarefa de resolver aquele problema. Também tratou de definir o tipo de emprego que queria, para não perder tempo com opções fáceis nem ficar desanimado se tivesse de preencher extensos formulários.

Não demorou muito tempo e Chris começou a fazer um sólido progresso. Estava levando seu problema para almoçar.

Atacando a busca de emprego	Evitando a busca de emprego	Abordando a busca de emprego
Buscar ansiosamente propostas de emprego	Não reunir as informações e os recursos necessários	Focar nos fatos
Candidatar-se a empregos que você na verdade não quer	Dispensar oportunidades logo de cara	Saber e seguir seus princípios
Trabalhar nisso apenas quando se sente em pânico	Esperar pelo momento certo de começar	Reservar um tempo razoável para o processo
Tentar achar atalhos para se candidatar	Cancelar quando os processos parecem intimidadores	Saber que um bom trabalho leva tempo

O problema com a reafirmação

A ansiedade que envolve a busca por emprego não bagunça apenas suas perspectivas de uma carreira – ela também vai se infiltrar em seus relacionamentos. Quando seus amigos e sua família percebem que você está ansioso, começam a ficar ansiosos também. Em vez de colocarem suas próprias máscaras de oxigênio, vão tentar se meter na sua com inúteis conselhos que visam a reconfortá-lo. Essa tentativa de superfuncionar comumente sai pela culatra, e você acaba brigando com eles ou os evitando.

Foi exatamente o que aconteceu com Chris. Seus bem-intencionados colegas no curso de pós-graduação lhe enviaram vagas de emprego que ele já tinha visto. Outros amigos se ofereceram para rever suas inexistentes cartas de apresentação de currículo. Chris evitava reuniões sociais nas quais pudesse haver a inevitável conversa focada em carreiras. Chris continuou mentindo para sua família. Sabia que se seus pais descobrissem que ainda estava procurando emprego, fariam soar o alarme. Sua mãe iria reiterar sua desaprovação da carreira que escolhera e seu pai o bombardearia com perguntas sobre sua situação financeira.

À medida que ele lentamente se afastava de relacionamentos importantes, a namorada de Chris ia se tornando o único lugar que restava para desabafar suas preocupações. Ele apimentava as conversas com apelos do tipo "Tudo vai ficar bem, não vai? Será que vou encontrar um emprego?". A princípio ela ficava feliz por poder reconfortá-lo, mas logo se cansou de ficar tranquilizando-o. Ela perdeu a paciência, e ele depois a acusou de não o estar apoiando. Pediu a ela que se certificasse de que ele se candidatasse a empregos três vezes por semana, mas ficava irritadiço quando ela fazia isso.

Quando ficamos ansiosos com relação ao trabalho, é natural que nos voltemos para as pessoas que nos são mais próximas em busca de reconforto. Queremos que elas nos absolvam de nossa culpa ou que prevejam o futuro. Mas quando atribuímos a outros a responsabilidade por nossa ansiedade, estamos trazendo conflito para nossos relacionamentos. As pessoas ficam cansadas de bancar um padre ou um vidente. Também nos tornamos menos capazes de ser objetivos quando pedimos a outros que nos digam coisas que já sabemos.

Chris continuou a observar seus comportamentos ansiosos. Viu como estava se distanciando de relacionamentos importantes e subfuncionando com sua namorada. Seu desafio era se aproximar de seus entes queridos e ser mais responsável por si mesmo. As pessoas inevitavelmente tentariam tranquilizá-lo, mas quanto mais Chris percebesse tal comportamento como automático, menos responderia a ele defensivamente. Mas como deveria responder? Traçou um plano, criando um conjunto de princípios para seus relacionamentos.

Os princípios de Chris
- Vou comunicar como estou me sentindo e não vou administrar as reações das pessoas.
- Vou responder de forma gentil porém firme quando outros tentarem controlar minha busca por emprego.
- Não vou pedir à minha namorada que me reconforte quando me sentir ansioso em relação ao emprego.
- Vou dar um tempo para avaliar meu progresso, em vez de usar as reações dos outros como parâmetro.

Agora Chris dispunha de uma rota pela qual percorrer sua reatividade em relação aos outros. As pessoas ficariam ansiosas quanto a seu futuro, especialmente seus pais. Seu papel era ficar focado em si mesmo e em administrar as próprias emoções, em vez de esperar que sua namorada apagasse o incêndio.

Defina a si mesmo em uma entrevista

Ao recobrar a energia que estava despendendo para evitar os outros, Chris foi capaz de fazer algum progresso na busca de emprego. Não durou muito, e já estava recebendo respostas e marcando entrevistas por telefone com grandes museus. Mas nunca chegava a uma segunda rodada nas entrevistas. Suspeitou de que a culpa fosse de sua ansiedade.

É fácil pegar uma rejeição, passá-la adiante para sua ansiedade e dizer: "Vá em frente, resolva isso!". Sua ansiedade começará a contar histórias estranhas de como você é o pior ser humano entre todos os humanos. Mas quando você se conecta com a realidade e não com uma fantasia ansiosa, descobre que a rejeição não tem nada demais. É uma oportunidade para ser mais objetivo quanto a si mesmo, para saber o que você fez bem e o que precisa de mais tempo e de mais atenção. Raramente o sucesso oferece a oportunidade de autoaprimoramento que a rejeição oferece, afinal qual seria a motivação para trabalhar em si mesmo quando já obteve o que queria?

Quando se deu um tempo para avaliar suas entrevistas de emprego com mais objetividade, Chris observou que seu pseudo*eu* tinha trabalhado duro. Quando um entrevistador lhe perguntou sobre programas educacionais STEM [ciência, tecnologia, engenharia e matemática], ele mentiu ao dizer que gostava deles. E em sua tentativa de fingir que tinha muitas ideias de STEM para o museu, caiu estrondosamente de cara no chão. Quando outro entrevistador lhe perguntou sobre seu emprego atual, ele deu uma resposta confusa de que trabalhava como voluntário, em vez de admitir que era um barman.

Leve o seu *eu*, e não o pseudo*eu*, para uma entrevista

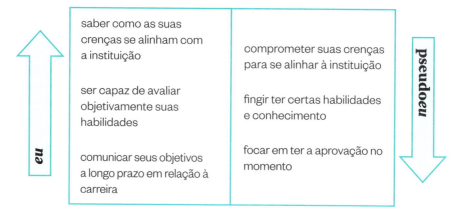

Chris estava fazendo de tudo para tentar ser a pessoa que, assim pensava, seus entrevistadores queriam que ele fosse. E acabou se mostrando inautêntico, inarticulado e um tanto esquisito. Decidiu que seria válido pesquisar seu empregador potencial, mas primeiro precisava estudar a si mesmo. Assim, anotou exemplos de projetos que o deixavam entusiasmado. Tratou de esclarecer para si mesmo por que escolhera o campo da educação museal. Fez uma lista detalhada de déficits de aptidão, aptidões que ele ia querer fortalecer no decorrer de sua carreira. Com isso ficou mais capacitado a pesquisar com mais clareza empregadores potenciais, excluindo aqueles que não se encaixariam bem em seus objetivos e suas habilidades.

Por ter reservado esse tempo para estudar a si mesmo, Chris conseguiu focar-se em transmitir essas ideias a um entrevistador, em vez de tentar administrar suas reações a ele. Não era obrigação sua ler a mente alheia ou pular através de aros em chamas – e sim dar uma clara definição de si mesmo às pessoas que poderiam contratá-lo.

Sugeri a Chris que levasse adiante esse trabalho e ampliasse sua definição do *eu* para além de seus objetivos na carreira. Ele não sabia quanto tempo levaria para achar o emprego que queria, e quanto mais ricos fossem seus relacionamentos e seus interesses, menos provável seria que sua ansiedade tentasse reassumir o leme. Ele concordou e começou a se aproximar mais de seus amigos e de sua família. Começou também a se voluntariar para um programa de atividades extracurriculares em uma escola.

A verdade é que passaremos um bocado de tempo em nossa vida aguardando uma Próxima Grande Coisa, seja isso um emprego, um parceiro ou outro sonho. Aquela pessoa que somos enquanto aguardamos é, frequentemente, o que de fato nos define, porque muitas dessas coisas estão fora de nosso controle. Embora você nem sempre possa alcançar o que quer, é notável como o simples ato de se tranquilizar e definir a si mesmo pode levá-lo a chegar bem mais perto disso.

Suas perguntas

Observar:
- Quando minha ansiedade percorreu um ciclo entre os atos de atacar e de evitar um objetivo?
- Alguma vez fiquei reativo quando outros tentaram resolver um problema por mim?
- Como meu pseudo*eu* interfere em meus objetivos para a carreira?

Avaliar:
- De que maneira posso abordar um objetivo que eu tenha, em vez de atacá-lo ou evitá-lo?
- Como seria, para mim, me apoiar menos nos outros para me sentir reconfortado?
- Quais são meus princípios quando chega a hora de me candidatar a um emprego e ser entrevistado?

Interromper:
- Como posso administrar minhas inseguranças quanto a um objetivo meu para esta semana?
- O que posso fazer agora para definir mais claramente para mim mesmo meus objetivos em minha carreira?
- Como posso ampliar minha definição do *eu* enquanto trabalho em algo que realmente quero?

Sua prática

Talvez você não esteja procurando um emprego neste exato momento. Porém, assim como Chris, corremos todos o risco de ir atrás de um objetivo e depois fugir como se estivéssemos pegando fogo. Como você encararia "convidar um desafio para almoçar"? Pense com afinco em algumas estratégias de modo que trabalhar por esse objetivo possa ser algo gratificante, e não um pesadelo. Quem sabe você simplesmente envia um e-mail ou imprime alguma informação e depois come um biscoito, porque você merece usufruir de coisas boas. Talvez convocar um amigo para trabalhar tranquilamente com você. Uma vez reduzida a ansiedade, é espantoso quanta energia você terá para fazer um real progresso.

CAPÍTULO 12
Seu chefe é terrível

"Os detalhes de sua incompetência não me interessam."
MIRANDA PRIESTLY, no filme *O diabo veste Prada*

Morgan estava vivendo seu pior pesadelo. Era uma lobista com trinta anos de idade e tinha enviado uma mensagem de texto a um colega de trabalho sobre os e-mails que sua chefe lhe enviava aleatoriamente às duas horas da manhã. "Eu não me incomodaria em receber e-mails de Joanne no meio da noite se eles realmente fizessem sentido", tinha escrito. "E por que uma letra gigantesca? Ela está tentando nos aterrorizar? Hahaha."

Morgan acabou ficando mesmo aterrorizada, porque acidentalmente enviou esse texto *para sua chefe*, e não a sua colega. (Eu sei!) Olhando em retrospecto, fico impressionada por ela ter trazido isso para a terapia, em vez de se mudar imediatamente para a Sibéria.

A chefe de Morgan, Joanne, a convocou a seu escritório no dia seguinte. Fez um discurso sobre profissionalismo, enquanto uma mortificada Morgan derretia-se no tapete. Concordou com a chefe que no futuro levaria a ela, Joanne, suas objeções, em vez de reclamar com colegas. Mas após esse encontro Morgan ficou amargurada. Ela odiou aquela atitude de superior complacência que sua chefe aparentemente assumira. Tudo o que tinha feito fora enviar uma crítica - Joanne é que estava sendo sensível demais. Joanne que tinha um medo paranoico de ser demitida pela diretora. Seus minions favoritos estavam sempre dedurando os colegas para ela. Raramente ela cumprimentava Morgan por uma tarefa bem-feita. Nem sequer sabia como escanear um documento ou pesquisar algo no Google, mas seu salário era o dobro do dela! Morgan estava ansiosamente focada na chefe, para dizer o mínimo.

Dizem que um bom chefe ou um chefe ruim podem, respectivamente, tornar gratificante ou decepcionante uma experiência no trabalho. Mas talvez haja menos verdadeiros vilões do que gostaríamos de admitir. A maioria dos chefes é apenas imperfeita, seres humanos ansiosos como todos nós. No entanto, como são eles que decidem qual será o nosso destino, nós os estudamos cuidadosamente em busca de qualquer sinal de perigo. Esse foco ansioso pode nos deixar registrando seus defeitos, e onde enxergamos defeitos achamos também uma oportunidade de culpá-los por nossa própria ansiedade.

Seu local de trabalho é um sistema emocional

Assim como sua família, seu local de trabalho é um complexo sistema emocional. As pessoas estão constantemente agindo e reagindo em padrões previsíveis em suas tentativas de administrar o estresse. Você vai se deparar seguidamente com aquelas quatro estratégias que já estudamos: distância, conflito, super/subfuncionamento e triângulos.

Um ambiente de trabalho tranquilo e repleto de pessoas maduras não será tão dependente dessas estratégias. Mas em um local de trabalho repleto de pessoas reativas e imaturas, um evento simples, como tirar as jujubas Sour Patch Kids da máquina de vendas automática, pode causar tumulto. A maioria das pessoas descobre que seu local de trabalho está em algum ponto entre os dois extremos - há pessoas mais e menos hábeis na diferenciação, e os eventos estressantes vêm e vão.

Morgan estava tão focada em sua chefe que ficou empacada numa ideia de causa e efeito. Ela era incapaz de perceber que seu escritório estava cheio de seres humanos ansiosos, inclusive ela mesma. Se Morgan fosse capaz de enxergar o sistema mais amplo de relacionamentos, não precisaria de um vilão a quem culpar por sua ansiedade. Assim, eu a incentivei, por um momento, a tirar Joanne de seu foco com precisão cirúrgica e observar como funcionava o escritório inteiro, especialmente num dia ruim. Seu conflito com a chefe era apenas uma pequena parte de um sistema maior que estava tentando, o melhor que podia, seguir em frente. Quando olhou para o escritório com os olhos de uma pesquisadora e não de uma funcionária insatisfeita, foi capaz de ver como essas quatro estratégias estavam mantendo o barco flutuando.

142

As observações de Morgan

Distância: Uma colega de trabalho me enviou um e-mail com más notícias, apesar de termos conversado três vezes naquele dia.

Conflito: Duas pessoas de minha equipe se recusaram a fazer concessões quanto a uma proposta de apresentação.

Superfuncionamento: Dei uma bronca em um subalterno irritante em vez de deixá-lo praticar. Foi mal!

Triângulos: As pessoas estão reclamando que Bob, da TI, é lento demais, quando poderiam resolver isso diretamente com ele.

Em todo o escritório, Morgan via pessoas se evitando, brigando, ou se atacando, quando deveriam estar se aproximando, ouvindo umas às outras e deixando os outros aprender. Estava começando a ver que as falhas de Joanne não eram o problema – eram apenas sintomas de um ambiente de trabalho imperfeito, ansioso. Morgan também se deu conta de que ela mesma também era suscetível à imaturidade, especialmente quando se irritava com Joanne.

A menos que você seja o chefe, terá pouco controle sobre o nível de ansiedade que paira em seu ambiente de trabalho. Mas a boa notícia é que você pode elevar seu nível de diferenciação e aumentar sua imunidade ao estresse. Como fazer isso? Repita comigo: observar, avaliar, interromper.

A visão do astronauta

Morgan podia enxergar agora como estivera agindo com ansiedade no trabalho. Mas aquele fiasco no caso da mensagem de texto tinha alterado permanentemente sua capacidade de ser objetiva com relação à sua chefe. Toda vez que Joanne lhe enviava um e-mail, discordava dela numa reunião, ou pedia a sua presença, o cérebro de Morgan gritava *"Definitivamente, você está sendo despedida!"*. Ela lutava para diferenciar seus pensamentos de suas emoções.

Você poderia pensar que todo esse terror de ser dispensada faria Morgan entrar na linha, chegar cedo ao trabalho e executar suas tarefas com uma precisão de 100%. Mas só fez acontecer o contrário. Em alguns dias ela tinha de fazer muita força para conseguir cumprir horários. Viu-se discutindo com pessoas nas reuniões de equipe só para contrariar. Morgan tinha dificuldade em se concentrar em projetos – de que adiantaria se sua chefe a odiava?

Embora o medo possa ser um motivador, raramente ele faz com que sejamos nosso melhor *eu*. As ações de Morgan no trabalho eram cada vez mais conduzidas por suas emoções, e seu pensamento estava precisando desesperadamente reassumir as rédeas. Pedi a Morgan que pensasse nisso por alguns minutos e me dissesse como um observador de fora descreveria como a ansiedade estava influenciando suas ações.

"Minha ansiedade diz que vou ser despedida, e depois eu ajo como se isso fosse verdade", ela disse. "Então, não há por que tentar, se isso já é fato consumado."

Agir a partir de uma perspectiva baseada na ansiedade significa frequentemente que você está se baseando em dados inexatos. Se você conseguir fazer um *zoom out* e descrever o que está acontecendo no sistema de relacionamento, será capaz de ser mais objetivo. Eu chamo isso de "ter a visão do astronauta". Porque, vistos do espaço, a maioria de nossos problemas parece ser administrável.

Vamos praticar!

> **Cenário:** Seu chefe é um tanto brusco com você ao telefone.
> **Visão do solo:** Ele me odeia. É hora de caprichar no meu currículo!
> **Visão do astronauta:** Meu chefe é um ser humano e sempre terá dias de ansiedade.

Cenário: Seu supervisor convida um colega seu para almoçar, em vez de convidar você.
Visão do solo: Não posso acreditar que esses monstros vão comer tacos sem mim.
Visão do astronauta: Estou agindo reativamente porque neste momento estou fora do triângulo.

Cenário: Sua chefe está analisando todos os detalhes de seu trabalho num projeto.
Visão do solo: Por que essa mulher não arranja um hobby?
Visão do astronauta: Algumas pessoas superfuncionam quando estão estressadas. Não é algo pessoal.

Ao adotar a visão do astronauta, Morgan via a si mesma como uma funcionária levemente neurótica porém competente, que estava permitindo que sua ansiedade se interpusesse no caminho de um desempenho melhor. Ela não era a pária do escritório, e Joanne não estava tramando para se livrar dela. Se ela realmente quisesse fazer isso, aquele texto embaraçoso não teria sido razão suficiente? O conflito entre elas não chegava a ser uma batalha épica - era apenas mais um sinal característico da ansiedade num sistema de trabalho. Joanne até poderia continuar a ser reativa em relação a ela, mas Morgan já se sentia absolutamente capaz de responder a isso com mais maturidade. Ao conseguir pairar emocionalmente acima do ambiente no escritório, Morgan podia ver como era valioso alcançar alguma objetividade.

Mentoria ou culto?

Como uma boa astronauta, Morgan continuou a observar como sua ansiedade afetava seu comportamento no trabalho. Viu como estava usando a distância para administrar a tensão entre ela e Joanne. Enviava e-mails para evitar conversas. Fazia à chefe de Joanne perguntas que poderiam ser feitas à própria Joanne. Morgan sabia que precisava de uma ponte para cobrir a distância existente entre ela e sua chefe. Se não tivesse um acesso mais próximo aos pensamentos dela, seu sentimento de amargura e o medo de ser despedida nunca seriam resolvidos. Porém Morgan não ficou entusiasmada com a ideia de uma comunicação mais intensa.

"Quando assumi este emprego, pensei que ela seria uma mentora para mim", Morgan reclamou. "Mas ela raramente me incentiva ou me diz que fiz um bom trabalho."

Quando conversamos sobre suas histórias com figuras autoritárias, Morgan percebeu como se amparava nos elogios de professores, treinadores e chefes para sua própria noção de autovalorização. Se não estivesse sendo explicitamente elogiada, ela presumia que estava fazendo algo errado. Quando tinha um chefe que a bajulava, seu desempenho era maravilhoso. Quando não tinha, ficava irritadiça e rapidamente abandonava o barco. Pôde ver como esse modelo se repetia. Se não interviesse, ia acabar sendo demitida, ou cairia fora, contrariada. E sua conta bancária não permitia nem uma coisa nem outra.

Mentores são uma coisa maravilhosa. Mas nos apoiarmos demais em seus louvores pode nos impedir de construir um senso mais forte de nosso *eu*. Elogios vindos de fora só inflam nosso pseudo*eu*, e temporariamente. Quando seu supervisor lhe faz poucos ou nenhum elogio, você pode perceber que está ficando ansioso ou ressentido. Morgan começou a se dar conta de que Joanne talvez nunca viesse a ser parte de sua torcida. Entretanto achava que seu trabalho valia a pena, e não queria pagar para ver. Estamos falando sobre como seria se Morgan não tratasse sua chefe como uma máquina de distribuir aprovação, mas uma colega humana e uma colaboradora que também gostava daquele trabalho.

Frequentemente meus clientes me dizem que esperam ter um mentor no trabalho, quando na realidade estão dizendo, "quero alguém que me culte por eu ser um prodígio". Ou, se são supervisores em busca de alguém de quem possam ser mentores, querem encontrar um minigêmeo que os cultue. Mas esses tipos de relacionamento baseiam-se em emoções, não em ideias. Uma verdadeira mentoria é um encontro das mentes, não dos sentimentos. E é capaz de suportar muito mais do que uma tempestade passageira de discordâncias.

Uma mentoria construída sobre emoções:
- É uma montanha-russa com altos e baixos.
- Deixa você dependente de elogios.
- Impede que você avalie a si mesmo.
- Torna discordâncias insuportáveis.
- É provável que acabe em conflito.

Uma mentoria construída sobre ideias:
- Tem baixo nível de ansiedade.
- Permanece focada em objetivos.
- Não é ameaçada por pessoas de fora.
- Ajuda você a avaliar a si mesmo.
- É capaz de sobreviver a discordâncias.

Morgan pôs de lado sua ânsia por aprovação e começou a conversar mais com Joanne. Em vez de tentar agradar ou provocar sua chefe, Morgan simplesmente compartilhava com ela suas ideias e tentava prestar atenção às de Joanne também. Ao tirar o foco de Joanne e trazê-lo de volta à sua própria maneira de pensar, Morgan descobriu que de repente estava querendo ter aquelas conversas. Talvez nunca fosse ficar tão eufórica com Joanne quanto ficava com seus professores na faculdade, mas também sabia que não ia se sentir irritadiça ou temerosa quando elas discordavam entre si, ou quando Joanne lhe dava um *feedback* desafiador.

Morgan também começou a notar que sua chefe parecia estar igualmente mais tranquila. Estava enviando menos e-mails a Morgan de madrugada, seus *feedbacks* eram feitos pessoalmente, e ela ouvia atentamente as ideias de Morgan. Para Morgan isso era uma prova a mais de que quando ela se tornava a pessoa que queria ser, a ansiedade de todos diminuía um pouco. Morgan podia não ser a chefe, mas certamente era capaz de ser a pessoa mais calma no recinto.

Suas perguntas

Observar:
- Como a ansiedade afetou meu relacionamento com um chefe ou um supervisor?
- Qual das quatro estratégias eu uso para administrar meu estresse no trabalho?
- Alguma vez fiquei dependente demais de um elogio de um chefe ou mentor?

Avaliar:
- Como uma versão mais madura de mim funcionaria no trabalho?
- Quais princípios podem fazer com que eu fique tranquilo na presença de meus superiores no trabalho?
- Em que circunstâncias de trabalho devo fazer um *zoom out* e adotar a visão do astronauta?

Interromper:
- Como posso me manter focado em mim quando fico tentado a rotular meu chefe como o problema?
- Como me lembrar de observar padrões de ansiedade em meu trabalho?
- Qual seria o primeiro passo na construção de um relacionamento mais maduro com meu chefe?

Sua prática

A maioria de nós já esteve num relacionamento de mentoria baseado mais no sentimento do que no pensamento. Talvez você tenha tido ciúme quando seu treinador de basquete passou a se focar num novo astro em ascensão. Talvez você tenha perdido toda a motivação quando sua chefe predileta saiu de licença-maternidade. Considere quais são seus mentores na vida neste momento e quais são aqueles que gostaria de ter. Reserve-se um tempo para anotar algumas ideias sobre como você pode tornar esses relacionamentos um encontro de mentes em vez de um encontro de emoções. Será que você precisa ser mais honesto quando discorda deles? Deveria registrar suas próprias ideias antes de pedir a eles um conselho? Você precisa começar a agir mais como adulto em vez de como um golden retriever que não foi mimado durante três semanas? Quanto mais maturidade você trouxer para o relacionamento com um mentor, mais provável será que você se beneficie desse relacionamento.

CAPÍTULO 13
Procrastinação e produtividade

"Não há nada que não sejamos capazes de fazer quando trabalhamos duro, nunca dormimos e nos esquivamos a todas as outras responsabilidades em nossas vidas."

LESLIE KNOPE, em *Parks and Recreation*

A resolução de Ano-Novo de Martha foi começar a fazer terapia, mas ela só apareceu em abril. Em sua defesa, começou a discorrer sobre seu problema com o cumprimento de prazos. Martha trabalhava remotamente como repórter de cultura pop para um site popular. Já com cinco anos de carreira, não achava que estivesse sendo um sucesso. Parecia mais estar descambando para a mediocridade.

O maior desafio de Martha era a procrastinação. Seu trabalho tinha ficado desinteressante, e ela postergava a tarefa de reescrever um artigo ou uma entrevista. Esperava por tempo demasiado até se convencer de que não restava tempo suficiente para que um artigo fosse realmente bom. Isso provocava ansiedade, a qual por sua vez realimentava a procrastinação. Pedia frequentemente prorrogação de prazo, e seus (uma vez) generosos editores estavam ficando frustrados.

O cérebro de Martha funcionava como o alarme de um carro. Se ela não desligava sua preocupação a tempo, ele disparava ao próximo sinal de lamentação frenética. "Será que você é mesmo uma escritora, se não é capaz escrever?", seu cérebro perguntava. Grande ajuda.

Por que procrastinamos tarefas que não ameaçam nossa vida? Você poderia pensar, depois de ter terminado trabalhos de faculdade às cinco horas da manhã, que viver no limite não é tão bom assim. Não sei quanto a outros países, mas a capacidade que os norte-americanos têm de ser tão bons em procrastinação e ao mesmo tempo obcecados com produtividade chega a ser cômica.

151

Não ajuda o fato de os humanos serem terríveis na avaliação de quanto tempo levaria realizar uma tarefa. Os psicólogos Daniel Kahneman e Amos Tversky chamam isso de "falácia do planejamento". Supomos que não teremos dificuldade, postergamos o momento de começar, e esse otimismo acaba nos deixando numa encrenca. Pergunte a alguém qual é a data mais tardia possível para completar uma tarefa, e é quase certo que não terão terminado naquela data.

Contudo o problema de Martha não era uma questão de otimismo. Como a maioria dos desafios a humanos, ele tinha origem em seus relacionamentos.

A procrastinação é um problema de relacionamento

A menos que você seja um preparador do Juízo Final vivendo fora do sistema, seu emprego é relacional. Portanto, a procrastinação é frequentemente um problema de relacionamento. Supor que um problema ou sintoma exista independentemente de um sistema de relacionamento é ignorar o que significa ser humano. O modo como você reage a seus colegas, sua família e o mundo em geral pode lhe dizer muita coisa sobre como você acaba, ansiosamente, postergando um projeto. Em vez de observar como funcionamos num relacionamento com outras pessoas, acabamos rotulando nossos problemas de produtividade como defeitos de personalidade. Isso faz com que nos sintamos envergonhados e emperrados.

Martha com certeza achava que sua procrastinação vinha de um defeito de caráter. Tinha lido muitos livros sobre gerenciamento de tempo, mas nunca chegou a aplicar as ideias que havia neles. Ela acreditava que se conseguisse se condicionar a acordar às cinco horas da manhã, ou a abandonar seu vício em *reality shows*, estaria liberando o poder de produção em massa de um super-herói. Mas essa transformação parecia que nunca iria acontecer.

Martha estava tão ocupada envergonhando-se de si mesma que não conseguia enxergar o quadro maior. Ela precisava adotar a visão do astronauta, fazer um *zoom out* de si mesma e observar que sua procrastinação não era um procedimento isolado. Havia outras pessoas editando, revisando e respondendo ao seu trabalho. Como trabalhava em casa, era fácil esquecer que havia outros humanos no jogo.

Incentivei Martha a pensar em sua procrastinação como um problema de relacionamento. Ela começou por listar todas as pessoas que lhe vinham à mente quando ficava ansiosa quanto a seu trabalho. Ficava preocupada com o que seus editores pensavam quando lhe davam extensão de prazo, uma vez que não tinha como medir suas reações por e-mail. Queria impressionar uma nova garota com quem estava se encontrando. Não queria decepcionar sua doce avó, cujas paredes de casa estavam forradas com seus escritos de muitos anos. Para ser honesta, também queria ser bem-vista por seguidores no Twitter que jamais conhecera.

Focando-se nas reações dos outros, Martha tinha convidado toda uma plateia para que a vissem escrever um primeiro rascunho. Era como tocar à primeira vista uma peça para violoncelo no Carnegie Hall sem sequer saber tocar o instrumento. Não era de admirar que seu cérebro desligasse e se recusasse a trabalhar quando ela tinha um prazo a cumprir.

Há muitas maneiras pelas quais nossos relacionamentos influenciam nosso nível de produtividade. Eis alguns:

A ansiedade em relacionamentos pode levar a:
- Preocupar-se com a reação das pessoas ao seu trabalho.
- Afrouxar quando outra pessoa fizer isso por você.
- Distanciar-se daqueles que estão esperando que você se saia bem.
- Fingir ser mais capaz do que realmente é.
- Focar-se em obter aprovação em vez de desenvolver ideias.

Pessoas que são menos maduras emocionalmente, ou menos hábeis na diferenciação, tendem a se focar mais nos outros no trabalho. O dr. Bowen sugeriu que pessoas menos aptas à diferenciação são mais reativas a elogios ou críticas. Consomem toda a sua energia tentando aparentar serem boas, e depois não resta muita a ser usada para completar o trabalho.

Pessoas menos hábeis na diferenciação tendem também a procrastinar porque frequentemente imaginam que estão decepcionando os outros. Se você achar que um amigo está contrariado com você, poderá adiar o momento de ligar novamente para ele. Se imaginar que seu chefe ficará impaciente com você, talvez minta em relação a quão rapidamente poderá terminar um projeto. Se achar que a vovó vai ficar decepcionada, talvez esqueça todas as vezes em que realizou a mesma tarefa com grande sucesso. A imaginação de Martha tinha assumido o controle e ela estava fazendo tudo isso.

Como se focar menos no medo de desapontar os outros? Você poderia tentar evitá-lo, mas isso raramente funciona. Se não acredita em mim, considere quanto tempo você levou tentando impressionar pessoas estranhas em uma rede social, provar que um parente já falecido estava errado ou vencer aquele rival no ensino médio que sempre tirava melhores notas que você. O fato de não estar falando com uma pessoa não significa que não está num relacionamento com ela. E se distanciar dos outros só dará à sua imaginação mais espaço para pintar um quadro negativo.

Então, em vez de se distanciar, Martha precisava se *aproximar* das pessoas que estavam habitando seu cérebro: seus editores, sua nova namorada e a vovó. Constatou que se esses relacionamentos dependessem, para viver ou morrer, de sua capacidade de impressionar os outros, ela estaria concordando com uma vida inteira de ansiosa procrastinação. Assim, Martha começou a se aproximar. Começou a conversar mais com seus editores sobre grandes ideias e sobre a vida deles. Foi honesta com a namorada quanto a seus problemas de procrastinação e os temores que tinha em relação à sua carreira. Perguntou à sua avó como ela tinha decidido abrir mão da carreira para começar uma família. Ao se aproximar, Martha estava começando a ver que estava cercada de seres humanos, não só fãs ou críticos. Foi uma sensação realmente boa.

Agende um momento para ser curioso
Embora possa parecer assustador no início, aproximar-se de pessoas importantes pode ajudar muito a baixar seu nível de ansiedade no longo prazo. Quanto menos focado você estiver nas reações delas, mais energia

terá para perseguir seus objetivos. Então, se não for para outras pessoas, para onde dirigir seu foco?

Martha tinha sido tão determinada em sua decisão de impressionar os outros que esquecera o motivo pelo qual tinha se tornado jornalista, para começar. Sem ter essa paixão como guia, ela ficou mais preocupada com o que os outros pensavam (ou ela imaginava que pensavam). Como estava sempre atrasada em seus compromissos, Martha começara a negar a si mesma prazeres que poderiam aumentar sua produtividade. "Você não tem direito de se entusiasmar com nada até que termine este artigo!", dizia a si mesma. Dá para imaginar o quanto isso deu certo.

É fácil esquecer que o primeiro passo ao se fazer alguma coisa é se interessar por essa coisa. Como terapeuta, se eu não ficar curiosa quanto aos desafios de meus clientes, minha ajuda vai ser igual a zero. A curiosidade é uma grande parte da produtividade, mas nossa ansiedade sempre vai tentar neutralizá-la. Nossa ansiedade quer que comecemos a agir imediatamente para resolver logo o problema. A tarefa de nossa ansiedade é simplesmente acalmar as coisas com respostas rápidas. Mas nosso desafio é nos sobrepormos a essa resposta do piloto automático com uma estratégia mais lenta e mais meticulosa.

Martha estava percebendo que teria uma carreira entediante e estressante se não abrisse, toda semana, um espaço para a curiosidade. Ela arranjou um tempo para anotar algumas ideias sobre como se manter curiosa no tocante a seu trabalho.

Ideias de Martha para se manter curiosa
- Ouça *podcasts* enquanto estiver em deslocamento.
- Visite uma exposição num museu no intervalo do almoço.
- Agende um encontro com amigos que gostem de falar sobre grandes ideias.
- Vá a conversas com autores na livraria local.
- Fique observando os relacionamentos que a deixam ansiosa.

No início, Martha estava cética de que conseguiria se divertir. Diversão não seria mais um meio de procrastinar a obrigação de escrever? Como ia saber qual a diferença entre alimentar uma curiosidade e simplesmente descuidar da obrigação? Para resolver esse problema, decidiu que dedicaria certo tempo, toda semana, a alimentar seu cérebro. Esse tempo seria sagrado e usado somente para recuperar sua energia, não para produzir conteúdo.

Com o tempo, Martha começou a priorizar o ato de pensar tanto quanto valorizava o de "fazer" em seu emprego. Mesmo depois de abrir espaço para a curiosidade, ainda restou muito tempo para fazer o trabalho duro.

Monstro da semana

Martha começou a não se focar nas outras pessoas, e estava achando tempo para dar impulso a seu cérebro. Mas ainda tinha de se sentar e tratar de ser uma jornalista. Quando fazia isso, frequentemente deparava com seus antigos demônios à sua espera. Ela sabia que era perfeitamente capaz de escrever um artigo de setecentas palavras explicando qual era o melhor Chris de todos os tempos. Contudo, por algum motivo, perdia toda a fé em sua capacidade assim que encarava uma página em branco.

Quando Martha analisou seus temores, descobriu que sua ansiedade tendia a estabelecer um foco a longo prazo. Ela não estava se perguntando: "E se você escolher o Chris errado? E se ele for na realidade o Hemsworth, e não o Evans?". Em vez disso, dizia coisas do tipo: "Não acha que é tarde demais para você ser realmente bem-sucedida?". Ou: "E se você ficar defasada? Dentro de vinte anos provavelmente um robô será capaz de realizar o seu trabalho". Ou o menos favorito dela: "Veja, aí está alguém cinco anos mais jovem que você que é dez vezes mais bem-sucedido!".

Fazer o que deve ser feito não é um problema a longo prazo. É uma ocorrência de curto prazo, tarefa por tarefa. Em seu livro *Palavra por palavra*, Anne Lamott explica que tinha em sua mesa um porta-retratos de 2,5 centímetros para lembrar a ela que se focasse nos pequenos detalhes de uma história muito maior. Martha estava precisando de uma estratégia semelhante para se manter focada em tarefas no curto prazo. Ela era uma especialista em cultura pop, assim comparei seu dilema com uma expressão usada na TV, conhecida como "Monstro da semana". Em muitos programas de ficção científica ou fantasia, há semanas em que um vilão ou um monstro é derrotado no final do episódio. Nem todo episódio tem a ver com a história principal, mas os personagens estão sempre se desenvolvendo, monstro a monstro. Pedi a Martha que pensasse em como seria pôr um pouco de lado seus pensamentos sobre a trajetória de sua carreira e só se focar em seus monstros semanais. Editar um artigo ou terminar uma série de entrevistas, ou sugerir algumas novas ideias a seu editor eram tarefas que exigiam sua atenção. Questões maiores podiam esperar.

Nem todo dia de sua carreira tem de ser focado como um grande momento. Se você é uma atriz e ao se levantar toda manhã fica olhando para uma foto de Viola Davis enquanto come seus cereais, vai acabar ficando ansiosa e exausta. É importante dedicar um tempo para anotar seus objetivos, mas eles não irão a parte alguma. Se você tem prestado atenção, sabe que é muito mais eficaz ter *princípios* orientando você, e não visar a resultados que estão fora de seu controle. Objetivos lhe dizem o porquê de estar trabalhando, mas princípios lhe dizem como enfrentar cada dia e cada monstro.

Assim, toda segunda-feira Martha escolhia um único monstro que ela tinha de liquidar até o final da semana. Cuidava de priorizar a tarefa mais feia, mais incomodativa. Se sua ansiedade tentasse distraí-la com algum cenário apocalíptico em sua carreira ou com algum brilhante objetivo a longo prazo, ela parava, inspirava profundamente e se perguntava qual era o próximo passo a dar para acabar com o monstro. E descobriu que estava derrotando os monstros, um por um.

Se você alguma vez assistiu à série *Arquivo X*, sabe que alguns de seus melhores episódios são sobre os monstros da semana. Martha descobriu que isso valia também para seu trabalho - sentia que sua aptidão ficava mais aguda quando escrevia artigos que uma vez tinham parecido a ela rotineiros, ou ficava entusiasmada com uma nova ideia quando atacava um tema amedrontador. Ter grande sucesso é muito bom, mas também é boa a sensação que você tem quando comparece toda semana e faz aquilo que precisa ser feito. Aniquile esses monstros semanais e fique orgulhoso de si mesmo.

Suas perguntas

Observar:
- Quais são as pessoas em minha vida que quero desesperadamente impressionar?
- Como minha ansiedade no trabalho impede que eu me mantenha curioso?
- Quando minha preocupação com objetivos a longo prazo me distrai das tarefas da semana?

Avaliar:
- Como a procrastinação é, para mim, um problema de relacionamento?
- Como seria viver uma vida com mais curiosidade?
- Quais princípios podem me orientar em minhas tarefas semanais?

Interromper:
- Que pequena mudança eu posso fazer para baixar o nível de minha ansiedade na procrastinação?
- Como é que eu gostaria de abrir espaço para a curiosidade este mês?
- Em qual monstro eu deveria focar em derrotar esta semana?

Sua prática

Quando você está envolvido em procrastinação, é provável que sua ansiedade queira que você impressione todo mundo e atinja seus objetivos o mais rápido possível. Então, como interromper sua ansiedade e fazer o oposto? Como você pode ficar menos dependente do elogio dos outros? Como abrir espaço para a curiosidade e manter um ritmo estável no processo de esmagar os monstros? Releia uma seção deste capítulo e anote algumas ideias sobre como gostaria de baixar o nível de sua ansiedade no que tange à produtividade.

CAPÍTULO 14
Trocando de carreira

"Bem, eu reduzi isso a duas possibilidades: sim e não."
CHIDI ANAGONYE, em *The Good Place*

Anthony tinha o sonho de que um dia iria ganhar menos dinheiro. É sério. A vida chique do grande advogado estava acabando com ele aos 31 anos de idade, e ele estava querendo cair fora. Mas ainda tinha a dívida de seu curso de direito, sua mulher era assistente social, e o custo da creche de seu filho de dois anos era de mais ou menos "seis bilhões". A vida de Anthony girava em torno dos honorários que recebia por hora, e ele se ressentia da obrigação de estar disponível nos fins de semana e de adiar as férias da família uma atrás da outra.

De que adianta ganhar um bom dinheiro se não pode usufruir disso? Colegas veteranos o incentivavam a dedicar a isso mais alguns anos, depois Anthony teria mais tempo e muito mais dinheiro. Mais alguns anos? Ele não sabia se conseguiria chegar até sexta-feira.

Quando Anthony veio para a terapia, explicou que seu verdadeiro sonho era largar o emprego, voltar a um curso de pós-graduação e se tornar um arteterapeuta. Certa madrugada, enquanto lutava contra a insônia, tinha assistido a um documentário sobre crianças na África cujos pais tinham morrido de Aids. Elas tinham conseguido se curar do trauma por meio da arte e de histórias que lhes contavam. Enquanto os créditos rolavam na tela, Anthony fez uma busca on-line por programas de arteterapia. Na manhã seguinte, no café da manhã, enquanto seu filho enfiava aveia no nariz, ele contou à esposa qual era seu plano. A resposta dela foi delicada, mas firme. Eles não teriam como sobreviver a uma mudança tão brusca de carreira. Anthony ficou amuado por um momento e enterrou o plano no fundo de seu cérebro. Mas a ideia não morreria.

Gallup chamou a geração do milênio de "Job-Hopping Generation", a geração que salta de emprego a emprego, porque a probabilidade de trocarem de emprego em um ano é três vezes maior do que a de qualquer outra geração antes dela. São acusados de se engajarem menos em seu trabalho, mas talvez isso se deva ao fato de eles simplesmente quererem fazer algo que de fato valha a pena. Mas como saber se uma mudança dessas é correta, ou apenas uma distração? Você deve ir coçar logo onde está comichando, deixar a barba crescer ou começar um *podcast*?

A ansiedade pode impedir que você se arrisque a mudar de carreira, mas também pode jogar você fora do avião antes que esteja preparado para isso. Antes de refletir sobre qual poderia ser a cor de seu paraquedas, talvez você deva considerar se realmente dispõe de um.

Fantasia *versus* realidade

A maioria das mudanças de carreira começa como um inocente sonhar acordado. Um relatório de 2017 aponta que programas de televisão influenciaram 39% dos *millennials* britânicos quando estavam escolhendo uma carreira. Modelos ficcionais são maravilhosos e podem oferecer uma poderosa representação a pessoas jovens. Mas também podem levar à decepção. Metade das pessoas em Washington está aqui porque queria reencenar *The West Wing*, no entanto acabaram num episódio de *Veep*. Eu me pergunto quantos cirurgiões em residência médica ficaram com raiva quando descobriram que não iriam fazer tanto sexo quanto os personagens de *Grey's Anatomy*.

Carreiras ficcionais provocam nossas emoções com dramas convincentes e uma boa trilha sonora. Mas raramente a fantasia mostra a você todo o trabalho com papelada, as reuniões maçantes, ou a dívida contraída com o pagamento do curso de pós-graduação. Escolher uma carreira não é uma decisão isenta de emoção. Mas quando a escolha é totalmente baseada em emoção, é provável que nos baseemos mais na fantasia do que na realidade. Anthony estava um passo mais próximo da realidade porque tinha se inspirado num documentário que descrevia essa realidade. E quando lhe perguntei quanto ele sabia sobre empregos em arteterapia, ele admitiu que não tinha pesquisado muito sobre isso. Ele tinha um sonho, mas não dispunha de fatos.

A fantasia de Anthony o entusiasmou, mas o pesadelo potencial de uma decisão ruim o manteve grudado na firma de advocacia. Ele teria de afastar todas as emoções por um momento e ver quais fatos ainda restavam. Como dever de casa da terapia eu lhe pedi que anotasse tanto o cenário da fantasia quanto o cenário do pesadelo, caso ele realmente trocasse de carreira. Eis o que ele escreveu:

Fantasia de Anthony: Toda manhã eu pulo da cama, visto roupas confortáveis e vou de carro a um estúdio gigantesco, brilhantemente iluminado, cheio de uma quantidade ilimitada de artigos de arte. Estou trabalhando com jovens carentes, bem-comportados, e resolvo todos os seus problemas com algumas rodadas de terapia de mimodrama, ou fazendo colagens. Todo dia saio de lá sentindo-me bem comigo mesmo, e chego em casa a tempo de ajudar meu filho com seus deveres de casa.

Pesadelo de Anthony: Estou trancado em algum cubículo, numa cambaleante instituição que não visa ao lucro, com nada mais do que uma caixa de giz de cera quebrados e uma montanha de papéis. Sou ineficaz em meu emprego. Passo todo o meu tempo na condução indo e vindo do trabalho, porque tive de me mudar com minha família para uma cidade no cafundó do Judas, de modo que nosso orçamento pudesse arcar com meus sonhos irrealizáveis.

É engraçado como nosso cérebro é capaz de balançar ansiosamente entre dois resultados completamente opostos. Quando viu esses cenários registrados no papel, Anthony suspeitou de que sua experiência como arteterapeuta seria algo entre a vivência de um messias usando jeans e de um homem enterrado vivo em anotações de casos. Mas ele conseguiu pegar esses cenários e usá-los para esclarecer o processo de tomada de decisão. Precisava filtrar seus sonhos e seus temores e ver quais valores passariam pela filtragem. Eis os valores que se apresentaram a ele.

Valores de Anthony:
- Sentir-me à vontade no trabalho.
- Passar mais tempo com clientes do que com papelada.

- Ter meu próprio espaço para ser criativo.
- Trabalhar com uma organização bem-dotada de recursos.
- Trabalhar num horário que me permita passar algum tempo com meu filho.

Agora as coisas estavam tornando-se reais. Anthony tinha uma lista concreta de objetivos que pareciam ser obteníveis e razoáveis. Ao filtrar e esclarecer quais eram seus valores, ele não estava esmagando seus sonhos. Estava simplesmente negociando entre a fantasia e o pesadelo, para descobrir o que realmente queria. Agora, só precisava concluir se a carreira em arteterapia era capaz de lhe dar o que queria.

A armadilha do tudo ou nada

Quando você está pronto para empreender uma grande mudança na vida, é fácil ficar impaciente. Junte essa impaciência com a ansiedade, e provavelmente você vai agir sem pensar. Se a decisão for só comer alimentos saudáveis, talvez jogue fora tudo o que tem na geladeira. Se for se vestir como um nova-iorquino, talvez doe tudo o que tem no guarda-roupa que não seja preto. Mas aí chega sexta-feira e você quer vestir algo roxo e comer glacê direto da embalagem.

Quanto mais sonhava com uma carreira criativa, mais impaciente Anthony ficava. Estava com medo de que, se não começasse a agir, ia perder o momento e ficar empacado na firma de advocacia.

Já ouviu falar do famoso Teste do Marshmallow? Psicólogos ofereceram a crianças uma entre duas opções: poderiam ganhar um marshmallow imediatamente, ou ganhar dois se conseguissem esperar quinze minutos. Anthony estava diante de um dilema semelhante. Provavelmente poderia começar um programa de arteterapia em meses se largasse o emprego, pegasse empréstimos e pedisse à sua mulher que assumisse mais responsabilidades. Mas de que ameaças estaria se omitindo ao ir buscar impulsivamente uma nova vida?

Anthony tinha de interromper sua ansiedade por um tempo que lhe permitisse traçar um plano real para si mesmo. Precisava identificar as mentiras que sua ansiedade usaria para induzi-lo a agir rapidamente. Uma vez identificada a mentira, ele teria de cavar fundo e usar seu raciocínio para ser mais objetivo. Sua ansiedade adorava dizer a ele que se não agisse rapidamente, logo estaria velho demais para trocar de carreira. "Isso é ridículo", respondeu sua razão. "Não é como se eu quisesse ser um atleta ou um artista pop. Eu posso mudar de direção na vida quando quiser."

Anthony estava começando a se dar conta de que sua carreira não era um jogo de pôquer – não tinha de escolher entre passar ou apostar todas as fichas. Podia mergulhar os dedos na água e testar uma forma de vida diferente sem colocar seu futuro em risco. Sua ansiedade ia odiar essa estratégia, mas teria de lidar com isso.

Quais são algumas das mentiras mais comuns que sua ansiedade vai lhe contar quando quiser que você ou dê um salto sem pensar ou fique paralisado no mesmo lugar? Como é que você pode continuar a ser objetivo quando ela tenta amedrontar você?

Vamos praticar!

Ansiedade: Você vai ficar aqui até que o prédio desmorone à sua volta.
Pensamento: Posso dar um salto estratégico quando decidir que é correto e inteligente.

Ansiedade: A grama do vizinho é sempre mais verde. Você é idiota ao pensar que pode ser mais feliz!
Pensamento: Sou capaz de avaliar o que é melhor para mim neste momento.

Ansiedade: Continue pedindo empréstimos para financiar seus estudos até morrer! Segura essa, governo!
Pensamento: Ser irresponsável financeiramente só me deixará ainda mais ansioso a longo prazo.

> **Ansiedade:** Você é um desses que não termina o que começa, e sempre foi! Lembra-se das aulas de oboé?
> **Pensamento:** Está falando sério, ansiedade? Existem cerca de seis oboístas profissionais no mundo.

O salto inteligente

Enquanto tratava de manter baixo o nível de sua ansiedade, Anthony checava os números seguidamente. Analisava sua conta bancária. Verificava estatísticas sobre a disponibilidade e o salário médio de empregos em arteterapia. Discutiu com sua mulher várias estratégias, mas não pareciam estar chegando a um plano pelo qual uma grande mudança de carreira pudesse deixá-los felizes e também com liquidez financeira.

Anthony estava começando a se questionar se uma mudança de carreira o faria feliz ou se seria apenas um paliativo temporário numa vida cheia de estresse. Quando criança, ele tinha visto seu pai ficar saltitando entre relacionamentos e complicados esquemas para ganhar dinheiro. Contudo a euforia temporária de um novo e brilhante empreendimento parecia sempre desvanecer em depressão. Anthony queria que seu filho tivesse um pai que perseguisse suas paixões, mas que também honrasse seus compromissos e fosse o provedor de sua família. Afinal, ele dava mais valor a esse legado do que a mais um curso de pós-graduação.

Passaram-se alguns meses, e Anthony acabou voltando à lista de valores que tinha filtrado de seus sonhos e de seus pesadelos. Talvez ainda houvesse um modo de abrir espaço para a criatividade e também para sua família. Depois de conversar com a esposa, ele procurou seu chefe e perguntou se haveria a possibilidade de ele trabalhar menos horas por trimestre. E ficou surpreso ao descobrir que isso era realmente uma opção.

Até onde eu sei, Anthony nunca se tornou um arteterapeuta. Mas começou a se voluntariar num programa de arte em sua igreja, e já planejava férias com sua família. Essas alegrias tranquilizaram sua mente ansiosa, e ele começou a novamente curtir sua advocacia. Tinha dado um pequeno salto, mas um salto inteligente, sem detonar sua vida.

Como dar um salto inteligente

- Dedique algum tempo para definir seus valores e seus princípios.
- Tome ciência de que o fato de honrar esses valores pode levar a um resultado diferente.
- Trabalhe para administrar sua ansiedade antes de tomar qualquer decisão.
- Esteja disposto a aceitar a incômoda realidade de que uma mudança inteligente leva tempo.
- Compreenda que as pessoas vão reagir com ansiedade à sua decisão.

Se você está pensando em trocar de carreira, sua história talvez não seja igual à de Anthony. Talvez você precise fazer uma grande mudança e reconsiderar sua opção, ou passar mais alguns anos no curso de pós-graduação. Não tem tanto a ver com o que escolher, e sim com quem está fazendo a escolha. Não será sua ansiedade, buscando um modo rápido de evitar o estresse? Ou é seu melhor e mais lúcido pensamento? Há mais de uma maneira de abrir espaço para o que você valoriza na vida. Algumas pessoas são felizes o bastante para encontrar isso em seu trabalho, e algumas são maduras o bastante para pensar diferente, de modo não convencional.

Suas perguntas

Observar:

- Alguma vez o estresse fez com que eu fantasiasse sobre uma mudança em minha carreira?
- Alguma vez a ansiedade me suscitou a tentação de tomar rápido demais uma decisão quanto à minha carreira?

- Alguma vez a ansiedade me fez ficar imobilizado num emprego que detestava?

Avaliar:
- O que as fantasias e os pesadelos sobre a minha carreira poderiam me dizer quanto ao que eu realmente valorizo?
- Como posso praticar a administração da minha ansiedade quando estou prestes a tomar uma grande decisão?
- De que conceito ou aprendizado eu gostaria de me lembrar quando estiver tomando uma grande decisão quanto à minha carreira?

Interromper:
- Como posso abrir mais espaço em minha vida para os valores de minha carreira?
- Como posso reconhecer padrões ansiosos de pensamento no que concerne à minha carreira?
- Que decisão futura tomar de modo a poder empreender a concepção de um plano maduro?

Sua prática

Você está curioso para ver quais valores seus cenários de fantasia e de pesadelo no emprego podem revelar? Reserve-se alguns minutos e descreva cada um deles num papel. Separe o que é pura fantasia ou puro pesadelo do que é alcançável. Imagine como esses valores podem ser alcançados em sua vida atual, e quais podem exigir mudanças a longo prazo. Talvez não possa deixar seu emprego hoje mesmo, mas possa começar a viver uma vida que reflita o que é realmente importante para você.

CAPÍTULO 15
Ser um líder

"Então, viva como se já estivesse vivendo pela segunda vez e como se tivesse agido na primeira vez de modo tão errado quanto é o modo pelo qual está prestes a agir agora."

VIKTOR FRANKL, *Em busca de sentido*

Janelle tinha um problema – era boa demais em seu trabalho. Ela era uma assistente social de trinta anos de idade que fora promovida ao cargo de diretora de um abrigo para mulheres. Os últimos dois diretores não tinham durado seis meses, mas ela deu boas-vindas àquele desafio. Janelle era a mais velha de cinco irmãos, e tendia a progredir em situações de caos.

Em sua primeira semana no emprego ela atuou como uma chefe todo-poderosa. Marcava entrevistas pessoais com os membros da equipe para melhorar suas habilidades de registrar instruções. Aparecia em consultas com clientes para se assegurar de que sua equipe estava atendendo às necessidades deles. Planejou e executou um treinamento que fortalecia os padrões éticos que a equipe estava ignorando. Janelle tinha fantasiado que atuaria como a comandante de um navio bem-comportado, mas a realidade se parecia mais com um motim. As pessoas chegavam atrasadas às reuniões e assumiam um ar blasé ante suas sugestões. E ela tinha 97% de certeza de que seus ex-colegas estavam agora falando mal dela no refeitório.

Você poderia pensar que pessoas com alto desempenho como Janelle são líderes naturais. Elas progridem trabalhando muitas e longas horas, desenvolvendo novas aptidões e mergulhando em objetivos que transcendem os do cronograma original. Mas o teste de liderança inclui uma variável que pode fazer malograr qualquer sinal de sucesso – outros humanos. Quando você é encarregado de gerenciar outras pessoas, está entrando na complexidade de um sistema de relacionamento que simplesmente se recusa a ser domado. Talvez não seja como em *Game of Thrones*, mas você vai encontrar resistência e ansiedade nos outros. Isso pode ser aterrador ou enfurecedor, se você é um novo líder.

Janelle estava aprendendo que suas impressionantes táticas como uma seguidora de instruções simplesmente não se traduziam numa liderança excepcional. Seu desejo ansioso de ser bem-sucedida tinha lhe valido uma promoção, mas não a ajudou em nada quando foi de encontro às ansiedades de sua nova equipe. Ela precisava adotar uma estratégia diferente para ser uma líder, e precisava fazer isso rapidamente.

Superfuncionar não é liderar

Janelle era inteligente – ela sabia que tinha de liderar servindo de exemplo. Precisava incentivar os talentos de sua equipe porque lhe seria impossível cumprir ela mesma as tarefas de cada um. Entretanto essa percepção não resistia a um dia estressante. Janelle não estava acostumada a que tarefas não fossem cumpridas. Era difícil priorizar relacionamentos em detrimento do trabalho a ser feito. Ela queria que sua equipe mantivesse os arquivos bem organizados. Mas quando se avizinhava uma grande auditoria, era mais fácil ela mesma fazer isso. Por que atormentar pessoas para que façam de má vontade um trabalho? Ela também queria que sua equipe administrasse suas próprias agendas e seus prazos. Mas continuava a enviar mensagens para se assegurar de que não estavam estendendo demais a hora de almoço.

O foco ansioso de Janelle em sua equipe não incentivava seus membros a se estruturarem. Na verdade, isso fazia com que fossem menos competentes. Seu monitoramento constante os estressava, o que levava a um trabalho mais desleixado. "O que eu deveria fazer?", ela se perguntava. "Relaxar e deixar que façam um trabalho terrível?"

Na terapia, conversamos sobre o hábito que Janelle tinha de superfuncionar, em lugar dos outros, quando ficava ansiosa. Era a estratégia adotada quando lidava com sua grande família. A mãe de Janelle tinha morrido quando Janelle era adolescente, o que fez dela a matriarca da família. Estava frequentemente dando conselhos a seus irmãos, intermediando divergências e providenciando suporte financeiro. Janelle sentia-se bem ao ser super-responsável por seus irmãos, mas no trabalho isso só a deixava com uma sensação de náusea. A preocupação com sua equipe fazia com que fosse difícil focar-se em suas próprias responsabilidades. Ela deixava prazos serem descumpridos, e toda a sua energia criativa estava evaporando.

Burnout é algo comum entre líderes, porque a linha que separa suas responsabilidades das de outras pessoas começa a ficar indefinida. Papéis de liderança são concedidos a pessoas porque elas atingiriam certo nível de competência. Mas quando elas observam, desse lugar na primeira fila, como os outros fazem o trabalho com menos eficiência ou diferentemente de como elas fariam, ficam ansiosas. É como observar sua avó tentando usar seu novo controle remoto. O modo mais rápido de se acalmar é se intrometer e simplesmente assumir você mesmo a tarefa.

Talvez você esteja superfuncionando como líder se você:
- Observa seus liderados com ansiedade.
- Oferece ajuda antes que alguém lhe peça.
- Tem dificuldade em delegar tarefas desafiadoras.
- Tem dificuldade em manter as fronteiras entre o trabalho e a sua casa.
- Soa demasiadamente apologético em seus e-mails.
- Curte fazer o trabalho dos outros mais do que seu próprio trabalho.

Não se martirize se isso parece se referir a você mesmo. Lembre que o superfuncionamento e o subfuncionamento acontecem reciprocamente, e que as duas pessoas participam igualmente desse processo. Muitos da equipe de Janelle estavam mais do que contentes por deixá-la fazer seu trabalho por eles. Começaram a funcionar com menos competência, o que reforçou ainda mais o impulso dela de intervir e assumir a tarefa.

Janelle estava descobrindo que seu superfuncionamento era uma solução apenas temporária para a redução de sua ansiedade. No longo prazo, ela estava atribuindo mais trabalho a si mesma do que jamais seria capaz de fazer. Sua equipe nunca seria mais eficiente enquanto ela estivesse ansiosamente focada neles. Janelle precisava aprender a lidar com a ansiedade para que todos, com o tempo, se tranquilizassem.

Sinta-se confortável com o fato de se sentir desconfortável

Superfuncionar não foi a única estratégia ansiosa que Janelle estava usando em seu novo emprego. Ela descobriu que estava se afastando lentamente de membros da equipe que eram difíceis e reativos. Janelle era particularmente avessa a uma funcionária. Susan era pelo menos vinte anos mais velha, e estava trabalhando no abrigo havia muito mais tempo que Janelle. Susan trabalhava maravilhosamente com seus clientes, mas contornava procedimentos e detestava fazer e manter registros. Quando Janelle começava a implementar novos padrões nas reuniões da equipe, Susan adotava uma postura antagônica ou ficava jogando em seu celular.

Susan fazia Janelle ficar terrivelmente ansiosa. Ela tinha tanto medo dos encontros entre as duas que começou a deixar que Susan não comparecesse, ou arranjava pretextos para fazer isso ela mesma. Nenhum líder anterior tinha conseguido fazer com que Susan cooperasse, então por que insistir nisso? Janelle enviava e-mails a Susan abordando problemas que poderiam ter sido resolvidos pessoalmente. Deixava Susan cuidar da papelada mais tarde ou contornar limites éticos com seus clientes. Toda a energia de Janelle estava dirigida a manter o relacionamento entre elas tranquilo.

A maioria dos líderes simplesmente não tem tempo para se reunir com todos tão frequentemente quanto gostariam. Mas em vez de rarear mais o contato com as pessoas mais competentes, eles começam a se distanciar das pessoas mais ansiosas. Como você já aprendeu, a distância é uma ótima estratégia a curto prazo para manter todos tranquilos. Mas quando um líder dá mais valor à trégua temporária do que a relacionamentos sólidos, está apenas postergando conflitos. Está deixando de cumprir a missão do grupo ou da organização. Quando um líder evita as pessoas ansiosas, também está inadvertidamente dando tratamento preferencial às pessoas mais tranquilas do grupo. Isso provavelmente fará com que as pessoas ansiosas fiquem ainda mais reativas.

Um líder maduro passa a maior parte de seu tempo com as pessoas mais ansiosas do grupo. Soa terrível, não? Mas a única maneira de aprender a ficar tranquilo e ponderado no meio de pessoas ansiosas é passar algum tempo com elas. Não se pode conseguir isso por meio de e-mails ou mensagens, ou se cercando de um ambiente cheio de amortecedores humanos. Ou criando um triângulo com a inclusão de outro supervisor ou algum representante dos Recursos Humanos (embora isso às vezes seja necessário). Quando sua ansiedade lhe grita "Corra!", talvez você precise se sentir mais confortável com o fato de se sentir desconfortável como líder.

Pedi a Janelle que avaliasse quão ansiosa era Susan, numa escala de 1 a 100. "Facilmente, 85", respondeu ela sem pestanejar. Quando as duas estavam no mesmo recinto, a ansiedade de Janelle também chegava a 85. Ela imediatamente tentava deixar, ou fazer, Susan feliz. Não lhe ocorria simplesmente administrar sua própria ansiedade. Poderia inspirar profundamente, ou entabular uma conversa casual com Susan. Se conseguisse baixar sua ansiedade para uns 50, Susan poderia se acalmar também. Agora Janelle tinha um plano. Iria requerer muita prática, mas estaria dando a si mesma uma boa oportunidade para interromper esse enfrentamento ansioso com Susan.

Bons líderes são capazes de se autorregularem
Ao ser super-responsável por cada membro da equipe e superfocada na ansiedade deles, Janelle tinha esquecido sua responsabilidade número 1 - *ela mesma*.

Autorregulação é a capacidade de administrar suas próprias emoções e de pensar por si mesmo. E é uma qualidade essencial para todo líder apto à diferenciação. Sem a capacidade de se autorregular, você está à mercê do grupo e de todos os seus causadores de estresse. Você será arrastado para aquelas estratégias automáticas de distanciamento, superfuncionamento etc., e perderá toda capacidade de agir de dentro para fora.

Aprender a se autorregular tem a ver com se voltar para dentro de si mesmo. Pedi a Janelle que anotasse alguns dos problemas que ela enfrentava como chefe. Precisava considerar como seu foco nos outros a fazia se meter em problemas e como o foco em si mesma poderia tirá-la disso. Eis um exemplo do que ela pensou:

Problema: Um novo procedimento de admissão no abrigo está deixando a equipe irritada.

Foco nos outros: Tento convencer todo mundo de que isso vai tornar o trabalho mais fácil.

Foco em si mesmo: Eu me dou um tempo para esclarecer essa decisão para mim mesma. Comunico à equipe as mudanças sem tentar administrar suas reações.

Janelle foi capaz de ver que tentar agradar ou convencer sua equipe era uma tarefa impossível. Precisava dar um passo atrás, pensar, e depois se comunicar. Administrar as emoções do grupo não era responsabilidade sua.

Vamos praticar!

Vejamos como o ato de trocar o foco nos outros para o foco em si mesmo pode ajudar você a ser um líder mais tranquilo e eficaz.

Problema: Você não foi convidado para a festa de fim de ano de um membro da equipe.

Foco nos outros: Você os fica cercando no Facebook, procurando ideias de como fazê-los gostar de você.

Foco em si mesmo: Você convida as pessoas para os tipos de encontro aos quais gostaria de comparecer.

> **Problema:** Todos sempre culpam Tom pelos números baixos de suas vendas.
> **Foco nos outros:** Você trata Tom como se ele fosse a própria encarnação da peste.
> **Foco em si mesmo:** Você faz um *zoom out* e identifica em que você contribuiu para o baixo desempenho de Tom.
>
> **Problema:** Seu grupo de amigos conversa sempre sobre as extravagâncias das Kardashians.
> **Foco nos outros:** Você os critica por não terem conversas entusiasmadas sobre grandes ideias.
> **Foco em si mesmo:** Você fala sobre o que é importante para você e deixa que cada um responda como quiser.
>
> **Problema:** Seus irmãos sempre ficam embriagados em reuniões de família.
> **Foco nos outros:** Você substitui metade da vodca na garrafa por água.
> **Foco em si mesmo:** Você fica calmo e explica que não vai discutir nada com eles enquanto estiverem bebendo.

Há oportunidades de se exercer liderança no trabalho, em casa, e aonde quer que você vá. Focar-se em si mesmo não quer dizer assumir tudo como falha sua. Tem a ver com manter sua atenção focada naquilo que você é capaz de controlar e dar aos outros a oportunidade de acompanhá-lo nisso. Porque não vai conseguir que ninguém faça aquilo que não quer fazer.

Janelle estava começando a constatar que nunca seria capaz de deixar toda a sua equipe satisfeita com cada decisão que tomasse. Jamais seria capaz de convencer as pessoas a agirem exatamente do modo que ela queria que agissem. Mas isso não era importante porque ela era a chefe. Ela precisava voltar sua atenção para si mesma – ao ser a chefe de si mesma ela seria uma líder mais eficaz. Precisava de princípios que a orientassem e ajudassem a ser a líder que queria ser, e não a versão que sua ansiedade tentava lhe impor. Eis alguns dos princípios que ela anotou.

Princípios de liderança de Janelle
- Preciso me manter calma em vez de tentar acalmar todos os outros.
- Posso compartilhar meu pensamento, mas não posso fazer com que as pessoas concordem comigo.
- Preciso agir com maturidade, em vez de exigir maturidade dos outros.
- Posso me aproximar de pessoas ansiosas, em vez de evitá-las.
- Posso recuar e deixar as pessoas completarem seu trabalho.

Essas ideias são muito simples, mas difíceis de implementar! Esses princípios provavelmente deixariam Janelle muito atarefada pelo resto de sua carreira. Mas ao menos ela sabia por onde começar.

Vive la résistance

Todo líder vai enfrentar resistência do grupo. Você terá de comunicar ideias e decisões que talvez não sejam populares. Talvez tenha inclusive de enfrentar motins explícitos. É por isso que se focar em si mesmo é tão importante. Se você tem se baseado em que o grupo lhe dirija elogio, aprovação ou concordância (conhecidos também como infladores do pseudo*eu*), então fará todo o possível para não perder seu apoio. Isso pode significar o sacrifício de seus princípios e de suas ideias quanto ao que é melhor para o grupo ou para a organização. Mas se você se der um tempo para desenvolver suas próprias ideias, então será um pouco mais fácil ficar firme quando enfrentar uma reação negativa.

Líderes que vivem com medo de uma reação negativa acabam sendo sensíveis a todo franzir de sobrancelha e todo cochicho que ocorrer no grupo. Vão despender toda a sua energia tentando ler os pensamentos dos outros em vez de comunicar os seus. Mas se você for capaz de aceitar a inevitabilidade da resistência e compreender que é o sistema de relacionamento funcionando, será menos reativo a isso. Pode até ser capaz de dar boas-vindas à resistência como uma oportunidade de trabalhar para ser um líder mais hábil na diferenciação. É sua chance de comunicar suas ideias, mas também de ser flexível o bastante para ouvir as dos outros sem ficar na defensiva.

Janelle temia uma reação negativa, mas estava cansada de deixar que sua ansiedade assumisse o controle. Ela dedicou algum tempo a esclarecer consigo mesma quais eram seus princípios no que concerne a ser uma líder. Decidiu o que queria fazer e o que não fazer com sua equipe. Na próxima vez em que apresentou um novo conjunto de procedimentos no abrigo, esperou pela reação negativa. E, evidentemente, sua equipe começou a resmungar. Janelle rapidamente a fez silenciar: "Gostarei muito de ouvir ou ler quaisquer sugestões que tiverem, mas não agora. Por favor, enviem-me um e-mail detalhado ou marquem uma reunião comigo", disse. "Mas, amanhã, este é nosso novo procedimento. É sua responsabilidade pedir ajuda, se necessário. Se não pedirem, vou concluir que vocês são capazes de implementá-lo."

Janelle não se tornou, como que num passe de mágica, uma senhora chefe impenetrável que tinha parado de querer que gostassem dela. Ainda era um ser humano que ansiava por aprovação e harmonia tanto quanto qualquer um. Mas estava começando a aprender a pôr essas ânsias de lado quando elas conflitavam com seus princípios. Talvez se sentisse insegura, contudo estava começando a confiar em suas ideias mais do que em sua ansiedade.

Espero que Janelle encontre outras formas de trabalhar para ser uma líder mais apta à diferenciação em sua família e em outros contextos da vida. Seja você um chefe ou um chefiado, a matriarca ou o irmão mais novo, sempre haverá oportunidades para se aprofundar e ser a pessoa mais tranquila em qualquer âmbito. E ficar um pouco mais livre das forças ansiosas que governam tantos de nossos relacionamentos.

Suas perguntas

Observar:
- Alguma vez eu me tornei super-responsável pelos outros quando sou o líder?
- Alguma vez procurei evitar pessoas ansiosas ou difíceis a quem supervisiono?
- Quando foi que meu desejo de ser estimado se interpôs no caminho de ser um bom líder?

Avaliar:
- Como as minhas ações como líder contradizem minhas ideias sobre liderança?
- Como posso aprender a ser mais autorregulado como líder?
- Quais princípios eu quero que me guiem em meu papel de líder?

Interromper:
- Estão atualmente em ação quaisquer padrões de superfuncionamento ou distanciamento que eu gostaria de interromper?
- Quais oportunidades tenho em vista para testar meus princípios sobre liderança?
- Como abrir um espaço, toda semana, para priorizar a administração de minha própria ansiedade?

Sua prática

Onde você vê o potencial para ser um líder em sua vida? Você não tem de ser um chefe para ser, para os outros, um exemplo de calma ou maturidade. Escolha uma área da vida na qual você gostaria de liderar mais e seja honesto quanto ao modo como você tenta controlar os outros mais do que a si mesmo. Você trata rapidamente de superfuncionar para ajudar um colega que só está sendo para lá de lento? Você faz um discurso para um irmão mais novo dizendo que ele tem de dar um jeito na vida? Você está sempre bancando o apaziguador nas brigas de um grupo de amigos? Faça um plano detalhado de como recuar, se tranquilizar e retornar a esses relacionamentos como um líder. Como seria ser capaz de tolerar um pouco de ansiedade e inspirar pessoas a serem mais responsáveis por elas mesmas?

Façamos uma revisão da Parte III

Esta seção tratou da administração da ansiedade no mundo do trabalho. Estas foram as principais ideias.

1. **Entenda que seu trabalho é um sistema de relacionamento.** Como qualquer grupo de seres humanos, colegas de trabalho estão constantemente reagindo uns aos outros. A capacidade de fazer um *zoom out* e reconhecer essas estratégias para administrar ansiedades pode evitar que você culpe a si mesmo, seu chefe, ou qualquer outra pessoa.

2. **Reconheça o modo como você funciona automaticamente no trabalho.** Você não será capaz de interromper sua ansiedade no trabalho enquanto não passar um bom tempo observando como você mesmo funciona. Talvez você esteja superfuncionando com colegas que são menos aptos, ou talvez esteja se distanciando de pessoas difíceis.

3. **Autorregule-se administrando suas emoções e pensando por si mesmo.** Em nossas tentativas de manter as coisas tranquilas, frequentemente tentamos fazer com que os outros mudem seu comportamento. Uma pessoa mais hábil na diferenciação é capaz de ficar focada em ser responsável por si mesma. Ela pratica como administrar sua ansiedade e como pensar com clareza antes de se comunicar com outras pessoas.

4. **Esteja disposto a se acomodar com uma ansiedade temporária para alcançar uma tranquilidade a longo prazo.** A interrupção de seu modo automático de funcionar requer que se tolere certa medida de desconforto. Pessoas mais aptas à diferenciação são capazes de reconhecer que certa medida de ansiedade é inevitável quando põem em prática seus princípios.

5. **Fique focado em pensar o melhor possível e não em obter aprovação.** Todos os seres humanos anseiam por aprovação e louvação, especialmente em suas carreiras. Pessoas menos ansiosas se inspiram em sua curiosidade e não no desejo de impressionar seu chefe ou sua equipe. Mantêm-se firmes em suas crenças quando enfrentam resistência, mas também são flexíveis o bastante para estarem abertas às ideias de outras pessoas.

IV Seu mundo ansioso

CAPÍTULO 16
Smartphones e redes sociais

"Quando estamos nos distribuindo, podemos estar nos abandonando."
SHERRY TURKLE, *Alone Together*

Clare estava vivendo o melhor de sua vida. Ou ao menos era essa a história contada nos relatos de suas redes sociais. Era o seu último ano na faculdade. Seu Instagram se destacava em questões internacionais e estava pronto para conquistar o mundo. Ela tinha milhares de seguidores no Twitter que devoravam suas opiniões sobre acontecimentos globais. Amigos no Facebook desde os tempos em que morava com os pais ficavam deslumbrados com sua excitante vida na cidade grande. E seus constantes Snaps transmitiam a imagem de um ano de veterana cheio de noitadas de bom gosto e de sólidas amizades.

Mas, por trás desse cenário, o relógio estava tiquetaqueando. Planos para pós-graduação, ou a ausência deles, tinham deixado todo mundo com os nervos à flor da pele, inclusive Clare. Suas colegas de alojamento voltavam a discutir sobre responsabilidades quanto à limpeza, coisa que já tinham resolvido dois anos antes. Seus pais estavam se perguntando se ela tinha despendido todo aquele dinheiro com a faculdade por nada. O cara novo de quem ela gostava era uma pessoa difícil de entender. Todas essas preocupações e maus resultados nos exames parciais tinham rendido a Clare um senhor ataque de pânico.

Quando Clare veio para a terapia, notei que ela não largava o celular, segurando-o com força. Estava esperando notícias de seu professor, que lhe diria se ela poderia fazer algo para melhorar sua nota. Sua mãe ficava ligando para saber se ela estava bem. Suas colegas de alojamento estavam trocando mensagens no WhatsApp negociando quem ia limpar o banheiro. Seu telefone estava transmitindo os pensamentos de todo mundo, mas isso dificultava a Clare descobrir quais eram os dela.

É engraçado como essa caixinha minúscula pode ser tão conveniente e ao mesmo tempo um grande pesadelo. O poder de computação de um smartphone é milhões de vezes maior do que o dos instrumentos que nos levaram à Lua. Mas sua característica mais incomodativa é sua capacidade de transmitir nossa ansiedade aos outros a qualquer momento. Os psicólogos estão apostando corrida para definir nossos comportamentos que são mal adaptados a nossos telefones, para que possam dar às pessoas algum diagnóstico. Eles cunham expressões do tipo "vício do smartphone", ou "uso problemático da internet" para definir nossa dependência das telas. Mas e se a nossa dependência por uma tela for simplesmente um sintoma de um processo muito maior? O que estamos deixando passar quando direcionamos nosso foco à tecnologia e não para onde ele deveria estar - em nós mesmos?

Reconheça seu piloto automático

Todos nós gostamos de culpar nossos telefones por nos conduzir a esta era de crescente ansiedade. E por que não? Você com certeza parece mais ansioso do que aquele vovô com seu telefone flip remendado com fita adesiva. Mas aposto que você tem prestado atenção e lembra que deixamos passar o quadro maior quando recaímos na ideia de causa e efeito. Acabamos por nos focar nos sintomas em vez de nos sistemas que lhes dão origem.

Seu telefone é um espectador inocente entre as tensões reais nos relacionamentos. Ele meramente faz com que nos seja mais fácil fazer o que já estivemos fazendo desde o início dos tempos, que é tentar, o máximo possível, tranquilizar as coisas. Pense nisso: quinhentos anos atrás, se você quisesse se distanciar das pessoas, tinha de empacotar suas coisas e ir embora de sua aldeia. Se quisesse reclamar com alguém de sua esposa às três horas da manhã, teria de ir acordar seus vizinhos. Agora dispomos de aplicativos que nos protegem de interações humanas. Dispomos de grupos de chat para que possamos reclamar a nossos amigos enquanto estamos num voo transatlântico. A tecnologia nos facilita fazer aquilo que já íamos fazer de qualquer maneira. Faz com que nossos comportamentos automáticos fiquem muito mais automáticos.

Para ter uma melhor noção do piloto automático dela, pedi a Clare que me contasse como usava o telefone quando se sentia angustiada. A interlocutora emergencial nº 1 era sua mãe, a quem ela enviava uma mensagem assim que se sentia incomodada com seu desempenho acadêmico ou com seu futuro. Se uma determinada colega de alojamento estava perturbando a paz, Clare comumente enviava mensagem às outras para que se juntassem à sua fúria. Clare também se deu conta de que quando sentia inveja de amigos cujos planos de pós-graduação tinham dado certo, sua tendência era não responder às suas mensagens. Esses eram exemplos concretos de subfuncionamento, triângulos e distanciamento - tudo isso estratégias automáticas para administrar a ansiedade que Clare podia adotar pelo telefone.

Clare ainda não teria de jogar seu telefone no lixo - ele poderia ser útil, porque lhe dava um registro de seus comportamentos. Não teria de recorrer à memória para adivinhar como agia quando estava ansiosa - bastaria simplesmente consultar o histórico de suas comunicações.

Seu telefone é um acervo precioso de dados sobre a ansiedade. E como a observação é o primeiro passo para se tranquilizar, olhar o histórico registrado em seu telefone é uma boa maneira de começar a se acalmar. Atualmente, a chamada para conhecer melhor a si mesmo parece ser "Conheça seus hábitos de envio de mensagens". Porque os dados não mentem! Se você não tem certeza do que deve procurar, permita-me apresentar uma lista de comportamentos ansiosos ao telefone. Você já fez alguma destas coisas?

Você alguma vez:
- Ignorou uma mensagem que o fez ficar reativo?
- Debochou de alguém numa mensagem de texto?
- Pediu que o reconfortassem quando se sentiu inseguro?
- Fez a alguém uma pergunta que poderia ter feito no Google?
- Saiu no meio de uma conversa para ir checar aplicativos?
- Enviou uma mensagem furiosa antes de poder conversar com alguém?
- Foi bisbilhotar na rede social de alguém de quem você não gosta?
- Entrou numa briga on-line?

Ao ver isso, sinto-me atacada pessoalmente – você não? Essa lista elucida como existem muitas oportunidades de demonstrar maturidade quando pegamos nosso telefone. Você não tem de esperar que apareça uma oportunidade – há sempre uma, literalmente, toda vez que você recebe uma mensagem ou fica inclinado a enviar uma.

Quando Clare percorreu os arquivos de seu telefone, viu como interações aparentemente aleatórias e inofensivas eram oportunidades para ela ser uma pessoa mais calma e mais ponderada. Poderia tentar se acalmar antes de pedir à sua mãe que a reconfortasse. Poderia resolver pessoalmente os problemas com uma colega de alojamento em vez de fazer um triângulo com as outras. Poderia ir ao encontro de pessoas que invejava e ser mais sensível quanto aos próprios desafios. Ela passou a suspeitar de que quanto mais se tornasse essa versão madura de si mesma, menos difícil seria enfrentar os problemas cotidianos.

A rede social e o pseudo*eu*

À medida que Clare observava seus comportamentos, começou a notar o quanto estava focada ansiosamente em suas redes sociais. Contava cada seguidor que tinha no Twitter e cada curtida no Facebook. Sabia o nome de cada amigo que tinha visto os *stories* cuidadosamente relatados no Instagram e nunca respondia a eles. Despendia tanta energia convencendo cada pessoa de que ela estava no controle que não lhe sobrava energia para *realmente estar no controle*. Queria persuadir a todos, inclusive ela mesma, de que era mais bem-sucedida do que realmente sentia que era. A Clare importava muito criar a percepção de que não se importava. Era exaustivo.

As redes sociais tinham se tornado outro caminho rápido para Clare acalmar sua ansiedade. Se entrava em pânico quanto a seu futuro, ela postava no Snapchat sobre um painel de debate esotérico a que ela tinha ido. Se se sentia um bagaço, xeretava as mensagens do Twitter de pessoas que abominava e diagnosticava suas neuroses. Se estava preocupada, achando que seu novo caso na verdade não gostava dela, postava no Instagram fotos dela com outros caras. E essa estratégia funcionava! Ela se sentia perfeitamente competente – durante cinco minutos inteiros. Depois a euforia se dissipava, e ela tinha de fazer tudo isso novamente.

Tenho falado bastante sobre como nosso pseudo*eu* é capaz de fazer com que pareçamos mais ou menos capazes do que realmente somos. A rede social é o que seu pseudo*eu* gosta de comer no café da manhã. Quando você tem um público constante, a tentação de ir buscar emprestada alguma confiança é quase irresistível. Especialmente quando você está ansioso. Eu frequentemente digo a meus clientes que as curtidas no Facebook são o Burger King da autoconfiança – para que cozinhar uma refeição deliciosa e saudável após uma jornada de doze horas quando temos uma lanchonete do outro lado da rua? Sabemos que merecemos mais do que isso, mas é tão incrivelmente fácil.

Toda vez que estiver a fim de usar uma rede social para inflar ou depreciar a si mesmo é uma oportunidade para apresentar um pouco mais de seu *eu* sólido para o mundo. Vamos dar uma olhada em como seria substituir o hábito de recorrer ao pseudo*eu* por uma resposta mais baseada em princípios.

Vamos praticar!

> **Pseudo*eu*:** Tira 36 mil *selfies* antes de encontrar a certa.
> ***Eu* sólido:** Permite que seus amigos postem fotos do seu *eu* antigo e normal.
>
> **Pseudo*eu*:** Envia a seu amigo um Snap da academia com uma piada autodepreciativa.
> ***Eu* sólido:** É honesto quanto a seus objetivos de saúde e quanto ao que será preciso para alcançá-los.

> **Pseudo*eu*:** Bisbilhota as mensagens xenofóbicas no Facebook do tio Jim para se sentir bem quanto a si mesmo.
> ***Eu* sólido:** Desafia seus próprios preconceitos educando e examinando a si mesmo.
>
> **Pseudo*eu*:** Discute com estranhos no Twitter sobre as últimas notícias da política.
> ***Eu* sólido:** Passa um tempo reunindo os fatos e determinando como gostaria de responder civilizadamente.

Esses exemplos de um *eu* sólido são meramente sugestões. Talvez para você seja realmente importante ter uma bela foto sua no Instagram, porque está promovendo seu negócio, ou somente quer valorizar aquele dia em que o cabelo estava ótimo. De novo, a questão não é se um comportamento é saudável ou não. É se ele reflete o que realmente é importante para você ou se é apenas um jeito rápido de se tranquilizar.

Clare foi capaz de ver como seus hábitos nas redes sociais estavam despertando uma calma instantânea, mas temporária. Era mais fácil se achar mais inteligente do que algumas pessoas no Facebook. Sentia-se bem quando explodiam comentários no seu Instagram. Acreditava que tinha um belo futuro quando tuitava ao vivo um evento na escola. Mas ao se colocar à mercê da internet, também estava sendo vulnerável a se sentir tola, feia e culpada, se as pessoas não respondessem do jeito que ela queria. Ou quando deparava na internet com uma pessoa mais fabulosa do que ela.

Clare estava cansada da montanha-russa de emoções de seu pseudo*eu*. Queria ter um modo de avaliar a si mesma que fosse melhor do que o *feedback* de uma rede social. Precisava parar e definir o que, para ela, seria o sucesso.

Será que a ideia de um chat maduro no Snap é um oxímoro?

Será que a internet não é apenas um gigantesco lodaçal de reatividade? De que vale ser maduro se isso vai fazer todo mundo sentir sono, ou parar de seguir você? Vivemos numa sociedade que valoriza o imediatismo e o drama, de modo que as vozes mais reativas são as que frequentemente são as mais altas. Mas considere esta questão: se alguém lhe pedisse para apresentar on-line seu *eu* mais maduro, o que você mostraria? Provavelmente não seus tuites furiosos para o serviço de atendimento ao cliente do Pizza Hut. Ou a troca de mensagens no grupo no qual você e seus amigos fazem comentários maldosos sobre Gwyneth Paltrow.

Essa intensa reatividade da internet é frequentemente o motivo pelo qual as pessoas deletam sua conta em uma rede social quando se sentem exaustas ou envergonhadas. A solução mais rápida é eliminá-la e nunca olhar para trás. Isso poderia funcionar se você fosse um monge ou capitão de barca, mas, para a maioria de nós, nossas carreiras e nossos relacionamentos exigem certo tipo de presença on-line. E há alguns aspectos positivos na rede digital. Pesquisadores descobriram que o uso das redes pode aumentar nosso bem-estar quando nossas interações constroem conexões mais fortes com pessoas (em vez de bisbilhotar silenciosamente os perfis de estranhos).

Sua vida on-line é uma oportunidade para a maturidade. Você há de lembrar, da Parte I deste livro, que a diferenciação tem dois componentes: administrar a ansiedade enquanto se mantém conectado com os outros. Afinal, que benefício haveria em estar tranquilo se você não puder fazer isso junto a outras pessoas? Assim, antes de deletar todos esses aplicativos, considere de quantas oportunidades para se conectar você poderá estar desistindo.

Eu estimulei Clare a se perguntar como seria para ela trabalhar para ficar mais conectada com pessoas que eram importantes para ela, sem se entregar a esses hábitos do pseudo*eu*. Como poderia estar em relacionamentos com pessoas e também ser responsável por si mesma? Eis os princípios que ela delineou para si.

Princípios de Clare em relação à tecnologia

- Vou me tranquilizar sozinha antes de enviar uma mensagem a alguém pedindo que faça isso por mim.
- Posso perguntar às pessoas como elas estão indo, em vez de xeretar sua rede social.
- Tentarei abrir um espaço para ficar com meus próprios pensamentos, em vez de ficar distraidamente checando *apps*.
- Vou compartilhar minhas ideias sem tentar convencer estranhos grosseiros na internet.

Como seu primeiro passo em direção à diferenciação, Clare fez um esforço e começou a enviar mensagens a pessoas que a faziam se sentir invejosa ou furiosa. Precisava se aproximar mais para poder desfazer a crença de que a vida de todos era exatamente como parecia ser on-line. Assim, enviou uma mensagem dando os parabéns para um antigo amigo de escola que tinha conseguido entrar em sua primeira opção na faculdade de medicina. Ficou surpresa quando ele admitiu não ter certeza de que queria ser médico. Foi útil para lembrar que a complexidade humana não pode ser resumida num relato no Instagram.

Talvez você queira que eu lhe diga que no breve tempo em que trabalhamos juntas, Clare tornou-se uma pessoa incrivelmente madura aos 22 anos. Que parou de se basear em mensagens como forma de reconforto e de contar curtidas e seguidores. Mas duvido que tenha se tornado essa pessoa. Eu, certamente, não sou alguém assim, e desconfio que ninguém seja. No entanto acredito que experimentar o gosto de uma conexão real faz com que se queira mais. E que se tornar só um pouco mais responsável por si mesmo é uma sensação tremendamente boa. Quando novos *gadgets* vão surgindo e novas plataformas de redes sociais explodem em cena, todos nós enfrentamos o desafio de sermos nossos melhores *eus* tecnológicos. Nisso reside a esperança de que possamos continuar a ser curiosos e descobrir nosso próprio cantinho maduro na paisagem digital.

Suas perguntas

Observar:
- Como uso meu celular para administrar a ansiedade?
- Quando uso a rede social para atenuar minhas inseguranças?
- Quando minha ansiedade leva a um funcionamento imaturo on-line?

Avaliar:
- Quais princípios são capazes de me ajudar a usar meu smartphone com mais maturidade?
- Como poderei apresentar menos o pseudo*eu* no uso das redes sociais?
- Como seria começar a me conectar, em vez de ficar bisbilhotando nas redes sociais?

Interromper:
- Como me tranquilizar quando fico tentado a usar meu telefone para administrar a ansiedade?
- Qual é o relacionamento em minha vida que poderia se beneficiar de um uso mais ponderado de meu telefone?
- Como posso me manter mais ponderado e mais maduro quando usar as redes sociais este mês?

Sua prática

Seu computador de bolso é uma mina de ouro no que concerne à sua ansiedade e a como você a administra. Pegue seu telefone e percorra as suas mensagens, posts e DMs do mês anterior. O que você dizia quando se sentia com raiva, com medo ou inseguro? Em que sistema de relacionamento você estava se envolvendo para se acalmar ou se sentir mais confiante? Anote algumas de suas observações e considere como essa forma de mensagens rápidas pode impedir você de ser mais responsável por si mesmo. Depois anote algumas ideias e alguns princípios sobre como você pode tentar responder à sua ansiedade antes que o piloto automático se intrometa.

CAPÍTULO 17
Política e religião

"Aquecimento global? Sinto muito, senhor, isso é só papo de cientistas. Essas mesmas pessoas que dizem que meu avô foi um macaco. Se isso é verdade, por que ele foi morto por um macaco?"

KENNETH PARCELL, em *30 Rock*

Christian não tinha certeza de que ainda era cristão. O que era muito inconveniente, considerando seu nome e sua família.[6] Christian estava ansioso porque tinha sido convidado para o casamento de seu primo, na Coreia do Sul. Todos na família iam, inclusive seu irmão mais velho, Dave, que adorava fazer um drama. Até onde Christian se lembrava, Dave e seus pais tinham estado sempre em guerra. Quando adolescente, Dave tinha parado de ir à igreja com eles e anunciou que era ateu. Quando eles insistiram para que estudasse economia na faculdade, Dave escolheu sociologia. Os pais de Christian, imigrantes, eram muito patriotas, e Dave se comprazia em reclamar em voz alta do sistema militar industrial. Toda conversa terminava em uma batalha.

As eleições de 2016 aumentaram bastante as tensões na família de Christian. Dave não podia acreditar que Christian ainda falasse com os pais, eleitores de Trump, os quais se preocupavam abertamente com a situação da alma de Dave. "Por que ele não pode ser mais parecido com Christian?", sua mãe costumava se perguntar em voz alta. Dependendo de quem estivesse no recinto, Christian oscilava, indo e vindo entre as posturas de um irmão simpático e de um filho obediente. Concordava com seu irmão quanto à política e mantinha a boca fechada quando seus pais oravam por seu filho pródigo.

---

6 *Christian* em inglês significa cristão.

Temas capciosos como política e religião geraram ansiedade durante milhares de anos. Mas nos anos mais recentes, a tensão em muitas famílias e em outros sistemas de relacionamento tinham se tornado insuportáveis. Algumas pessoas ficaram agressivas, cortando relações com quem quer que discordasse delas, ou provocando conflito em toda oportunidade. Mas, para muitas pessoas, a tensão tinha acendido um holofote gigantesco sobre os pseudo*eus* conflitantes que elas tinham usado para agradar aqueles que amavam. Quando as apostas são altas, mudar de assunto parece ser um ato irresponsável. Fingir não ter uma opinião é considerado uma atitude tão conivente quanto ter uma opinião perigosa. Como a ansiedade social demanda respostas baseadas em princípios, isso acaba solicitando de nós nosso melhor *eu* e nosso melhor pensamento. Você tem de querer definir sua posição às pessoas que ama, mesmo quando isso não lhe for confortável.

À medida que o casamento se aproximava, Christian se dava conta de que não seria capaz de fazer malabarismos com todos os seus pseudo*eus* durante o evento. Dave ia esperar que ele fosse seu aliado, rindo das piadas sobre Jesus e ficando do seu lado nos debates com seu pai. Os pais de Christian iam querer que ele ficasse claramente contra Dave. Ele ia precisar de algumas cervejas para sobreviver àquele casamento, mas seus pais nem sequer sabiam que ele tomava bebidas alcoólicas. Teria de decidir quem ele queria ser, e rápido.

Fique focado no processo, não no conteúdo

Enquanto a data do casamento se aproximava, Christian fez mentalmente uma lista de todos os temas de conversa com seus parentes que ele teria de evitar. Questões do tipo "Qual igreja você frequenta?" ou "Quando você acha que vai se casar?" eram minas terrestres entre as quais teria de passar com muito cuidado. Podia imaginar um de seus primos coreanos fazendo perguntas sobre a eleição de 2016, e seu pai e Dave irrompendo numa discussão.

Em todo sistema de relacionamento, certos assuntos têm, historicamente, provocado drama. A memória dessa ansiedade é suficiente para estressar qualquer um, e com muita frequência nosso impulso é evitar totalmente esses assuntos. Como você aprendeu no capítulo 5, não é o conteúdo desses assuntos que causa conflito. É apenas nossa incapacidade de preservar a maturidade quando falamos sobre eles. São emoções demais sendo despertadas, e em geral retrocedemos a nossos modos automáticos de lidar com elas.

A melhor maneira de acalmar essa reatividade é retirar nosso foco do assunto em si mesmo e passar a observar o processo emocional - flutuar pelo ambiente e ter a visão do astronauta. Isso pode soar entediante, mas a observação de como um grupo de pessoas administra a ansiedade pode ser uma interessante caça ao tesouro. Eventos como casamentos, funerais e festas de fim de ano são oportunidades particularmente boas, porque há muita gente reunida e, portanto, mais ansiedade no ar do que o comum. Eis uma lista de maneiras comuns pelas quais as pessoas respondem a conversas marcadas pela ansiedade. Você alguma vez presenciou algum destes comportamentos numa reunião familiar? Alguma vez você mesmo se envolveu em algum deles?

Caça ao tesouro emocional (5 pontos por cada item identificado!)
- Mudar o assunto da conversa.
- Bancar o advogado do diabo para ser do contra.
- Debater com o objetivo de vencer a discussão.
- Concordar com alguém só para manter as coisas tranquilas.
- Tentar ser o pacificador.
- Fofocar num canto do recinto.
- Dar lições a todo mundo de como ser maduro.
- Simplesmente não comparecer.

Todos esses comportamentos são tentativas de administrar a reatividade no ambiente. Entrar numa caça ao tesouro emocional não tem a ver com debochar da própria família. É uma maneira de ajudar você a não rotular alguém como a pessoa-problema e, em vez disso, reconhecer que todos estão participando daquela dança ansiosa. O fato de reconhecer isso pode mudar completamente o modo como você responde a uma situação de ansiedade. O processo emocional é uma espécie de buraco negro – você sabe que ele está lá porque pode observar seus efeitos. Mas para realmente enxergá-lo, você tem de se postar um pouco à parte dele – caso contrário, será sugado para os mesmos velhos comportamentos que você sempre exibe.

Isso estimulou Christian a procurar esses comportamentos nos outros e em si mesmo, quando o assunto de uma conversa gerava ansiedade. Ao criar uma caça ao tesouro emocional, Christian estava se preparando para não se deixar surpreender por sua família. Estava pensando mais além da tendência a simplesmente culpar Dave ou seus pais por causar toda a tensão. Isso poderia lhe dar algum espaço para perguntar a si mesmo: "Qual é minha parte em tudo isso?".

A dança das abelhas

Quando você começa a pensar no processo, e não no conteúdo, de suas conversas, fica mais fácil notar o comportamento ansioso de outras pessoas. É muito mais difícil, no entanto, enxergar sua própria participação na ansiosa dança do debate. Talvez a pergunta mais útil que você possa fazer seja "Qual é minha parte nesta dança?". Note que é diferente de perguntar "Qual é minha culpa?". Porque todos contribuem para o processo, todos desempenham um papel. Cada um tem sua resposta ansiosa, porque nenhuma pessoa é capaz de escapar 100% de sua própria reatividade. Sim, até mesmo Jesus teve de virar algumas mesas.

Christian tinha passado tanto tempo focando-se em como seu irmão e seus pais eram capazes de ferrar com uma reunião de família que nunca tinha considerado a possibilidade de ele mesmo ter sido um cúmplice nessa atuação ansiosa. Tinha se visto como um espectador inocente, mas talvez estivesse mais envolvido do que se desse conta.

Quando lhe perguntei sobre seu desempenho automático, Christian explicou que sua estratégia era concordar com alguém até o ambiente se acalmar. Quanto mais pensava sobre isso, mais ele constatava que estava agindo assim desde que nascera. Quando criança, tinha observado o impasse emocional entre seus pais e Dave, e a estratégia mais inteligente fora se alinhar com quem estivesse com ele na ocasião. Infelizmente, esse comportamento tinha se tornado tão automático que ele começou a acreditar nas coisas com as quais concordava naquele momento. Queria fazer seus pais felizes, assim prestava atenção quando estava na escola dominical. Ele gostava de verdade de seu irmão mais velho, e por isso confiava em suas opiniões quanto à política e aos acontecimentos mundiais. Depois de 25 anos, Christian não tinha muita certeza em que realmente acreditava.

Somos todos parecidos com Christian de muito mais maneiras do que nos damos conta. Quantas ideias e crenças você adotou ou abandonou por causa de alguma pressão num relacionamento? Suas crenças religiosas, sua afiliação política, seus sentimentos quanto ao sexo, seu gosto musical, seus times esportivos favoritos, provavelmente tiveram todos a influência de seus sentimentos num relacionamento. Deixe-me dar alguns exemplos:

- Todos em sua família estudaram numa faculdade da Ivy League,[7] por isso você está desesperado por ser aceito numa delas.
- Sua mãe é supercatólica, por isso você sempre acreditou que Maria era totalmente virgem.
- Seu pai detestava o time de beisebol dos Yankees, então danem-se os Yankees.
- Seu melhor amigo acha que *Caçadores de emoção* é uma obra-prima do cinema, por isso você também acha.
- Ted Cruz, que disputou a candidatura dos republicanos à presidência com Trump, gosta de *queso* Texas, assim você decidiu que esse molho é repugnante.
- Seu ex-namorado temperamental gostava do escritor Jonathan Franzen, por isso você acha que ele é supervalorizado.

---

7 Termo que designa as oito universidades mais prestigiadas nos Estados Unidos: Brown, Columbia, Cornell, Dartmouth, Harvard, Princeton, Universidade da Pensilvânia e Yale.

É natural que nossos sentimentos quanto a um relacionamento influenciem nosso modo de pensar. Mas um dia você talvez acorde e se pergunte se não deixou de gostar de *queso* um pouco rápido demais. Então, como ter uma ideia do que você realmente pensa? É simples – seja mais como uma abelha.

Deixe-me explicar. Quando há uma superpopulação numa colmeia de abelhas, algumas delas terão de achar um novo lar. Assim, elas enviam todas as suas batedoras para que verifiquem alguns territórios potenciais. Quando uma batedora retorna de uma expedição, ela balança o bumbum. Ela dança para comunicar a distância e a direção do lugar. E quanto mais entusiasta essa "dança de saracoteio" das abelhas, mais ela está acreditando no fantástico potencial desse novo lar. Como abelhas são democráticas, elas continuam nessa dança até haver um consenso total quanto ao lugar para a nova colmeia. Parece muito justo, certo? Mas tem um porém – uma abelha não vota, aprovando um lugar, só porque sua melhor amiga abelha está balançando o traseiro. Intrigada com a dança, ela irá visitar o local. Porque simplesmente não vai aceitar como verdade a palavra de ninguém – precisa ver por si mesma!

Os humanos, no entanto, não são como as abelhas. Somos um pouco mais preguiçosos e um pouco mais propensos a supor que as pessoas que amamos estão totalmente certas. E que as pessoas que desprezamos devem estar completamente erradas. É exatamente assim que acaba sendo nossa relação com as redes de notícias.

Christian achava que era mais maduro do que seu irmão mais velho, mas talvez não fosse. Tinha sempre acreditado nas danças de saracoteio dos membros da família, sem considerar suas próprias ideias. Estava começando a ver que ele e Dave estavam ambos reagindo com ansiedade a seus pais. Eram os dois lados de uma mesma moeda em suas posições de rebelde e de apologista. O dr. Bowen escreveu que uma pessoa que rejeita as crenças de sua família como resultado de tensão na família não possui mais diferenciação do que alguém que adota as crenças da família sem as ter examinado. Ambas as posturas são conduzidas pela ansiedade e não por um pensamento baseado em princípios.

Talvez você esteja se perguntando: "O que há de tão errado em adotar as crenças de outras pessoas?". Todos nós já perguntamos a amigos se determinado filme é ou não é bom. Poucos de nós têm tempo para pesquisar meticulosamente a história de cada candidato à junta de conselheiros da escola local, e você não tem de se tornar um teólogo para extrair alguma coisa do fato de ser religioso. Mas qual é a perda coletiva numa família quando as pessoas não se dão ao trabalho de desenvolver seu próprio modo de pensar? E numa comunidade? E, ouso dizer, num país?

Pensar por si mesmo num grupo é incrivelmente difícil, especialmente quando o nível de ansiedade é alto. Na maior parte do tempo você acaba simplesmente se conformando com a pressão relacional, se desligando do grupo, ou investindo toda a sua energia em forçar os outros a mudar. Mas e se você simplesmente aproveitasse o tempo para definir quais são suas crenças e expressá-las numa dança, como uma pequena e inteligente abelha?

Mas e se uma conversa o fizer se sentir inseguro?

Há uma grande diferença entre nós e as abelhas. Não é função nossa convencer ninguém na colmeia a endossar nossas crenças. Um adolescente gay não tem de prevalecer sobre um avô que está tentando enviá-lo para uma terapia de cura gay. Uma pessoa negra não tem de educar cada pessoa branca que conhece quanto ao racismo sistêmico. As pessoas têm de cuidar de si mesmas, e cabe a elas decidir quando e como querem compartilhar suas crenças. São capazes de estabelecer o que é e o que não é de sua responsabilidade. E, frequentemente, priorizar sua própria segurança e bem-estar é uma grande responsabilidade.

Isto que é capcioso no que tange à ansiedade – às vezes, a ansiedade é um sinal de que você deveria ir em frente e se colocar numa situação desconfortável. Mas, às vezes, não é. No final das contas, cabe a você decidir. As pessoas que têm princípios sólidos quanto a temas altamente emocionais têm uma probabilidade maior de determinar o que é uma oportunidade para definirem a si mesmas e o que é uma situação na qual é melhor se proteger.

Este era o desafio de Christian. Ele sabia que às vezes seus pais poderiam ficar verbalmente agressivos quando discutiam com seu irmão. Eles nunca tinham ameaçado ou gritado com Christian, mas ele sabia que isso seria uma possibilidade se parasse de concordar o tempo todo com eles. Conversamos sobre como seria bom para ele desligar o telefone no meio de uma ligação ou sair de casa quando se sentisse inseguro. Porque, às vezes, definir a si mesmo significa comunicar aquilo que você não iria permitir e quando é que iria pegar suas coisas e ir embora.

Agora que se sentia confortável por ter um plano de saída, Christian era capaz de parar e definir mais alguns princípios que o ajudariam a entabular conversas difíceis e desafiadoras com sua família.

Princípios de Christian
- Vou reservar um tempo para desenvolver e anotar minhas próprias crenças.
- Vou compartilhar minhas ideias em vez de tentar vencer uma discussão.
- Estarei preparado para a possibilidade de que compartilhar minhas crenças pode fazer com que algumas pessoas fiquem ansiosas.
- Irei embora quando achar que uma situação ficou insegura para mim.
- Continuarei a aprender sobre o mundo à minha volta.

Descubra em que você acredita

Christian continuou a pensar nas crenças que tinha adotado para manter a paz na família. Estava se dando conta de que precisava dedicar efetivamente algum tempo para pensar no que realmente acreditava. Seria um processo de uma vida inteira, mas talvez conseguisse ter um pouco mais de clareza antes do casamento.

A menos que seja um radialista sindicalizado ou um jovem de dezoito anos que acabou de concluir seu primeiro semestre na faculdade, você não tem certeza quanto a tudo em que acredita. Tem de se dar algum tempo para se sentir confortável com essa incerteza. Também terá de parar e elucidar sobre em que acredita e sobre em que não acredita. Foi isso que incentivei Christian a fazer. Antes de ele ser capaz de esclarecer aos outros quais eram suas ideias, teria de esclarecer para si mesmo.

Christian dispôs-se a isso, e no início se sentiu sobrecarregado por todas as questões que tinha de enfrentar. Será que realmente acreditava na ressurreição de Jesus? Que Dave iria para o inferno de verdade por ser um ateu desrespeitoso? Ou que Dave tinha razão e seus pais tinham agido mal ao votar nos republicanos? Estava nadando em águas teológicas profundas, mas posteriormente algumas ideias começaram a aflorar à superfície. Então, ele as anotava. E continuou a pensar nelas.

Finalmente, chegou a semana do casamento. Christian tinha dezoito horas de voo para ficar realmente ansioso quanto ao fato de toda a sua família estar na mesma cidade. Mas estava preparado para pensar no processo, e não no conteúdo, e ficar focado no papel que ele mesmo desempenhava em todo esse drama.

Como você acha que terminou esta história? Que Christian subiu numa mesa durante a recepção, ergueu sua cerveja e gritou cheio de confiança "Sabem, estou começando a pensar que talvez Deus não tenha criado o mundo literalmente em sete dias!"? Leitor, ele não fez isso.

Mas Christian prestou, sim, atenção em como sua família estava agindo. Ele notou que Dave não era tão dramático quanto seus pais o retratavam. Observou que os pais tinham suas próprias dúvidas, pois eles evitavam falar com seus parentes sobre as eleições de 2016. Até compartilhou sua curiosidade a respeito do budismo com um tio-avô que estava ansioso para falar sobre isso. E quando um jovem primo lhe perguntou se ele se casaria alguma vez numa igreja, Christian virou-se para ele e disse a verdade: "Não tenho a menor ideia. Mas estou trabalhando para descobrir".

Vivemos numa sociedade que espera de nós que saibamos em que acreditamos e que tenhamos certeza disso. Mas definir nossas crenças, e defini-las para os outros, é um trabalho que não termina nunca. A ansiedade da sociedade sempre estará presente. Assim, devemos ser também curiosos quanto ao que pensamos, a fim de não ficarmos desgastados ou desamparados. Seremos mais úteis a nossas comunidades se nos mantivermos interessados em superar o funcionamento automático.

Se você se der algum tempo para pensar um bocado antes de começar seu saracoteio, ou "dança de abelha", as pessoas vão perceber. Elas podem não concordar com você, mas sua maturidade as deixará um pouco mais livres para pensarem por si mesmas em vez de apenas reagir. Parece que as abelhas inventaram isso, mas nós humanos também temos algum trabalho a fazer.

Suas perguntas

Observar:
- Como a ansiedade se expressa em minha forma de agir durante conversas difíceis?
- Como os membros de minha família administram a ansiedade durante conversas difíceis?
- Alguma vez adotei ou abandonei uma crença devido a uma pressão num relacionamento?

Avaliar:
- Como a ansiedade me impediu de continuar definindo minhas crenças?
- Como seria abordar conversas difíceis com mais maturidade?
- Como serei capaz de evitar o ato de simplesmente aceitar as "danças de abelha" dos outros?

Interromper:
- Como posso me dar um tempo para sentar e registrar minhas crenças?
- Quais ideias ou questões requerem mais pesquisa e estudo de minha parte?
- Quais são os futuros eventos nos quais poderei testar o ato de compartilhar minhas ideias com outras pessoas?

Sua prática

É hora de sentar-se e escrever sobre aquilo em que você acredita. Aproveite uma tarde ou alguns intervalos de almoço e comece a dar vazão a seus pensamentos. Você pode escolher um assunto específico, como cuidados com a saúde, vida após a morte, ou se *candy corn*[8] é uma guloseima nojenta ou deliciosa. Ou pode adotar um estilo livre – comece cada linha com "Eu acredito" e complete com seu pensamento. Quando terminar, dê uma olhada no que escreveu. Quais dessas crenças foram decisões emocionais e quais você desenvolveu com base em seus próprios valores e pensamentos? Não há nada de errado em seguir a tradição de sua família ou de outra instituição. Apenas se certifique de que é uma escolha ponderada, e não uma reação ansiosa.

8 Bala que imita um grão de milho.

CAPÍTULO 18
O longo jogo

"Você herdou toda uma vida de atribulações. Todos a herdaram. Assuma o comando, aproveite-a ao máximo, e quando decidir que já sabe qual é o caminho correto, faça dela o melhor que puder."

MURRAY BOWEN

Eu sempre fui uma pessoa ansiosa. Quando era criança, digamos apenas que eu não tinha um relacionamento com o mundo baseado na realidade. Na hora de dormir, se meus pais não dissessem que me amavam, inevitavelmente iriam morrer. Se pulasse da cama com o pé esquerdo, eu inevitavelmente iria morrer. Se deixasse meu tigre de pelúcia em cima do circulador de ar, ele inevitavelmente iria explodir e incendiar a casa. Meu pequeno cérebro de criança enxergava um mundo cambaleante à beira da combustão espontânea.

Em acréscimo a essas ameaças imaginárias, eu tinha experiências reais que confirmavam meu instinto de me preparar para o pior. Eu tinha medo de que o alcoolismo do meu pai levasse à separação de meus pais. Quando eu tinha dezenove anos, minha mãe foi diagnosticada com câncer, e três meses depois morreu de infarto. Meu cérebro aprendeu que a tragédia pode golpear a qualquer momento, e sempre agi tendo isso como uma verdade. Não adiantou o fato de a palavra "ansiedade" sequer estar em meu radar.

Por fora, eu não parecia ser muito ansiosa. Eu me sobressaía na escola, e meu pseudo*eu* devorava os elogios de meus professores e de minha família. À parte meu catastrofismo, eu era uma criança feliz, porque conseguia ser a melhor. Mas quando fui para a faculdade, deixei de ser a oradora da turma. E então minha mãe morreu, e eu não tinha mais a aprovação dela. Dá para adivinhar o que aconteceu? Minha maré de sucesso vacilou e estagnou. Fiquei deprimida e ansiosa, questionando o rumo de minha carreira, minhas crenças e minhas aptidões.

Quando você está atolada até os joelhos no cascalho de sua autoestima, tem de encontrar novas estratégias para administrar sua ansiedade. Como a maioria das pessoas, descobri algumas formas bem terríveis de me acalmar. Fazia compras demais. Saí do curso de pós-graduação. Talvez tenha assistido além da conta a capítulos de *Cheers*. Mas ao longo de todo esse tempo fiquei curiosa quanto a meu comportamento ansioso. Eu me tornei terapeuta porque queria compreender como as pessoas escolhem determinadas cartas dentre as que lhes foram distribuídas na vida. Queria saber como as pessoas constroem uma percepção do *eu* mais sólida do que aquela que o universo lhes concedeu.

Considero-me privilegiada por me ter conectado com as ideias do dr. Bowen e com as pessoas brilhantes que mantiveram viva sua teoria. Isso não é fácil, porque atualmente as pessoas querem ter menos sintomas o mais rápido possível. Sendo assim, você pode imaginar algo menos sexy do que a ideia de que qualquer mudança é lenta e difícil, e exige uma boa dose de contato com sua família? Mas eu acredito nisso!

Não tenho a pretensão de ser a pessoa mais hábil do mundo na diferenciação, ou mesmo num elevador. Mas quero finalizar este livro compartilhando um pouco como as ideias da teoria de Bowen fizeram toda a diferença em minha vida. E proporcionar a você um espaço para considerar o que uma vida dedicada a observar, avaliar e interromper seu comportamento ansioso pode significar para sua própria história e para o mundo.

Seja menos responsável por todos os outros

Quando meu marido e eu nos casamos, escrevemos juntos nossos votos. Fizemos um ao outro muitas promessas importantes, como amar cada um a família do outro e nunca mostrar a nossos filhos os fatos que antecederam à *Guerra nas estrelas*. Porém, o voto mais importante que fiz a meu marido foi o de que eu assumiria a responsabilidade por mim mesma, e deixaria que ele fizesse o mesmo em relação a ele.

Veja, sou uma pessoa que ajuda pessoas. Assim foi minha mãe, e a mãe dela, e assim por diante. Acrescente uma boa medida de estresse a esta atitude de ajudar e terá uma pessoa que superfunciona e que planejava sozinha seus fins de semana de garota solteira e que não deixaria você dobrar a roupa lavada dela mesmo que sua vida dependesse disso. Minha ansiedade me transformava num amigável mas irritante cão-pastor. Eu andava em círculos em torno das pessoas que amo, tentando ao máximo fazê-las ir para onde eu queria que fossem. Assim, não é de surpreender que eu me tenha tornado terapeuta. No entanto, o engraçado de ser terapeuta é quão rapidamente você aprende que tem pouca influência sobre as pessoas. Porque as pessoas cuidam de si mesmas.

Quanto mais hábil na diferenciação for uma pessoa, mais responsável por si mesma ela será. E menos será por qualquer outra pessoa. Quando encontrei pela primeira vez um *coach* treinado na teoria de Bowen, fiquei realmente interessada na ideia. De fato, tão interessada que imediatamente fui para casa e comecei a discursar para a família sobre esses conceitos. Dizia às pessoas que elas estavam triangulando demais. Aconselhei meu pai a parar de superfuncionar. Com o tempo, comecei a ver a grande ironia que havia nessa reação.

Posteriormente calei minha boca e comecei a observar como as pessoas em meus sistemas de relacionamento administravam a ansiedade. Observava minha carinhosa avó circulando para depositar mais biscoitos no prato de todo mundo, quisessem ou não. Via meus amigos tentarem resolver entre si problemas de relacionamento o mais rápido que pudessem. Observei a mim mesma passando sessões inteiras de terapia na tentativa de convencer pessoas a pararem de enviar mensagens a seus ex, o que as levava a fazer isso em dobro.

Estou ficando menos responsável pelos outros num ritmo quase glacial. Mas em alguns dias eu me contenho antes de cair numa de fazer planos para o jantar de amigos indecisos. Sou capaz de resistir à tentação de completar a frase de meu marido sobre um problema no trabalho. Sou até capaz de perguntar a um cliente o que ele pensa a respeito em vez de dizer a ele o que deve fazer. Mas minha ansiedade está sempre esperando me ver distraída para poder assumir o controle.

Assim, peço que leve em conta, só um pouco, o cão-pastor que existe em mim, o.k.? Quando terminar este livro, não se preocupe em ensinar a outras pessoas o que aprendeu com ele. Elas vão se virar sozinhas. Trate de cuidar de si mesmo. Porque ser mais responsável por si mesmo é a melhor coisa que você poderá fazer por alguém que ama. Isso vai tranquilizar sua família, ou seu local de trabalho, mais do que o faria toda uma vida discursando sobre isso. E a melhor maneira de ser responsável por si mesmo é nunca parar de se observar. Estude a si mesmo como se você fosse o mais fascinante projeto de pesquisa que jamais existiu. Porque, acredite em mim, você é.

Aceitar a ansiedade do progresso

Duas semanas após minha filha nascer, algumas complicações médicas me levaram de volta ao hospital por alguns dias. Estar longe de uma minúscula recém-nascida que eu supostamente deveria proteger foi uma experiência agoniante. Eu estava com déficit de sono, preocupada com minha saúde, cheia de hormônios pós-parto e uma hipervigilância de mãe novata. Então, você pode ter um bom palpite de qual era o nível de minha ansiedade.

Na segunda noite que passei no hospital não conseguia parar de chorar. A única coisa que parecia me acalmar um pouco era assistir a episódios de *The Office*, aos quais já tinha assistido milhares de vezes. Enquanto meu telefone brilhava no quarto às escuras, minha ansiedade tentava me convencer de que eu estava falhando: "Você é uma terapeuta. Está escrevendo um livro sobre como se tranquilizar. Por que não consegue se recompor?".

Quando você está trabalhando em si mesmo, é fácil ficar focado nos sintomas. Mas ser humano, como disse o dr. Bowen, significa herdar uma vida de atribulações. Temos bem pouco controle sobre muitos eventos em nossa vida. Seu chefe pode lhe dizer que não precisa mais de você. Seu programa favorito na TV pode ser cancelado. As pessoas que você ama irão morrer. E, sim, você vai se sentir ansioso. Seu coração vai disparar, você vai chorar, pode até vomitar um pouco.

Talvez tenha notado que não há muito neste livro sobre os sintomas da ansiedade. Mas será que a ausência de ansiedade é uma prova de que algo mudou? E a presença de ansiedade será uma prova de que nada mudou? Pense sobre isso. Uma mulher que esteja se reconectando com a irmã que vinha ignorando pode se sentir mais ansiosa nesse momento do que quando não se falavam. O coração de um homem que esteja embarcando num avião pela primeira vez depois de dez anos pode bater mais rápido do que quando está começando uma viagem de ônibus com 23 horas de duração. Aquilo que está sentindo num certo momento pode ser uma medida terrivelmente imprecisa de como está se portando. Portanto, por favor, deixe você mesmo em paz.

Quando você começa a trabalhar para ser mais responsável por si mesmo, não vai se acalmar com isso. Na verdade, vai ficar mais ansioso. Se estiver evitando seu chefe, o ato de ir ao seu encontro será um grande estresse. Se você tinha por hábito despertar seu namorado toda manhã, deixar que ele arme seu próprio despertador vai lhe causar desconforto. É preciso coragem para não fazer o que você normalmente faria, desligar o piloto automático e se perguntar: "E agora, como é que você pilota esse troço?". O dr. Bowen tinha um termo para esse tipo de ansiedade: ele a chamava de "ansiedade do progresso".

Assim, por favor, não fique desencorajado se descobrir que não tem a frieza de um pepino quando começar a trabalhar em si mesmo para ser mais hábil na diferenciação. Em certos dias isso vai ser parecido com ir ao consultório do dentista, ou esperar na fila no Detran. Mas se você tiver paciência, algo engraçado vai acontecer quando quiser suportar a ansiedade do progresso. Vai começar a constatar que muitas situações que o deixavam ansioso não eram motivo para isso. Que você é capaz de sobreviver à rejeição, à discordância e à desaprovação. Verá que em sua família e no trabalho há menos vilões do que você pensava. E sua mente terá mais espaço para se focar no que lhe é realmente importante.

Minha ida ao hospital provocou ansiedade naquele momento. Mas minha decisão de trazer uma pessoa para um mundo de incertezas, de amar uma criança que não posso proteger a cada minuto de cada dia - bem, isso é uma ansiedade do progresso. É a ansiedade que vem do fato de ser exatamente quem você deveria ser. Então, deveríamos convidar essa ansiedade para entrar e se sentar.

Jogando o longo jogo

Muita gente lhe dirá que se você não é reativo no mundo atual, é porque não está prestando bastante atenção. Mas o mundo está precisando de mais reatividade? Ou está precisando de mais pessoas que se guiam por princípios e não pela ansiedade momentânea? Trabalhar para ser uma pessoa mais madura não é um hobby. Não é uma distração. É sua responsabilidade como ser humano neste planeta. Verdade que não verá os efeitos disso tão rapidamente quanto veria ganhando um milhão de dólares ou andando pelas ruas. Mas a diferenciação sempre foi algo que tem a ver com um longo jogo. Tem a ver com você se dar conta de que é parte de uma história multigeracional, uma história maior do que você. E esperar que toda uma vida passada em observar e interromper o que é automático vai repercutir em seus relacionamentos e suas comunidades.

Mas isso pode realmente ser feito? Afinal, aqueles que de fato são capazes de reescrever sua programação são os cometas Halley do mundo da terapia. A maioria das pessoas chega, se acalma um pouco e fecha a porta do lado de fora antes de ter feito alterações realmente drásticas. Mas quero lhe contar sobre o último cliente que passou por meu consultório.

Essa mulher tinha mudado toda a sua vida. Tinha se livrado de um problema com drogas. Estava construindo relacionamentos maduros. Sua carreira estava progredindo. Estava forjando uma vida que era o oposto de sua infância extremamente caótica. Seu progresso não tivera nada a ver comigo, e tudo a ver com ela mesma.

"Conte-me qual é seu segredo!", implorei. "O que você fez?"

Ela pensou um instante, e disse: "Acho que estou apenas aprendendo a como me acalmar".

A simplicidade de sua declaração me fez rir. Talvez isso seja simples assim. Essa mulher usava drogas para se acalmar. Tinha usado relacionamentos e realizações. Recorrido a triângulos, distanciamento, superfuncionamento, e desbravado seu caminho pela vida. Mas com o tempo aprendera que não precisava de nenhuma dessas estratégias para sobreviver. E não precisava de mim para nenhuma cura milagrosa. Precisava apenas do lento e constante trabalho de aprender a ser seu próprio *eu*. Tinha desligado o piloto automático e assumido o controle. Ao escolher como queria responder à ansiedade, estava escolhendo o seu destino. Consigo perfeitamente imaginar para onde isso poderá conduzi-la.

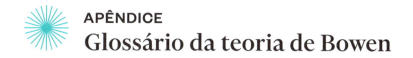

APÊNDICE
Glossário da teoria de Bowen

ansiedade resposta de uma pessoa a uma ameaça real ou imaginária.

definição do *eu* o processo de mudança pelo qual uma pessoa aprende a pensar e agir por si mesma quando em contato com outras pessoas significantes para ela.

diferenciação capacidade que alguém tem de estar em contato com outras pessoas enquanto mantém a capacidade de pensar por si mesmo.

distanciamento quando as pessoas administram a tensão num relacionamento reduzindo o contato com as outras.

distanciamento emocional quando as pessoas administram a tensão não compartilhando suas ideias sobre questões importantes; elas podem manter contato e, ainda assim, estar emocionalmente distantes.

***eu* sólido** a parte do *eu* que não é negociável em relacionamentos (tal como crenças, princípios e assim por diante); pessoas com mais diferenciação têm níveis mais altos de um *eu* sólido.

processo emocional os padrões de relacionamento que afloram para administrar tensão num sistema de relacionamento; padrões comuns incluem distanciamento, triângulos, super/subfuncionamento e conflito.

pseudo*eu* a parte do *eu* que é negociável quando a ansiedade está presente; pessoas com menos diferenciação têm níveis mais altos de pseudo*eu*.

rompimento quando as pessoas administram a tensão num relacionamento eliminando contatos; forma extrema de distanciamento.

super/subfuncionamento padrão de relacionamento no qual uma pessoa assume mais responsabilidade pela outra, e a outra assume menos.

triângulo sistema de relacionamento entre três pessoas; duas pessoas frequentemente se focam em ou recorrem a uma terceira para administrar a tensão entre elas.

Os princípios que me guiam

Se você não quer que sua ansiedade o conduza, tem de estipular como quer realmente funcionar no mundo. Use o espaço a seguir para anotar alguns princípios que o orientarão a se comportar em relacionamentos, no trabalho e no mundo lá fora.

Meus princípios nos relacionamentos

_____
_____
_____
_____
_____
_____
_____
_____
_____
_____

Meus princípios no trabalho

_____
_____
_____
_____
_____
_____
_____
_____
_____
_____

Meus princípios no mundo

Onde recorrer à teoria de Bowen

Há muitos centros de difusão e apoio às ideias de Bowen, nos Estados Unidos e no mundo, que oferecem treinamento e *coaching*. O Centro Bowen para o Estudo da Família, em Washington, foi o primeiro deles, fundado pelo próprio dr. Bowen. É um excelente recurso se você estiver interessado em aprender mais sobre a teoria de Bowen e administrar a ansiedade em relacionamentos. Existem outros programas de treinamento, on-line e presenciais, conferências de livre acesso e outros recursos para satisfazer seu apetite. Pode aprender mais no site *thebowencenter.org*. Esse centro pode pôr você em contato com terapeutas e com programas de treinamento em sua região.

Se quiser ler mais sobre a teoria de Bowen, pode visitar meu site, *kathleensmith.net*, e assinar minha *newsletter* semanal sobre ansiedade. Também recomendo qualquer um destes livros:

BROWN, Jenny. *Growing Yourself Up: How to Bring Your Best to All of Life's Relationships*. Wollombi, New South Wales, Australia: Exisle, 2012.
GILBERT, Roberta. *Extraordinary Relationships: A New Way of Thinking About Human Interactions*. Minneapolis: Chronimed, 1992.
KERR, Michael E. *Bowen Theory's Secrets: Revealing the Hidden Life of Families*. Nova York: Norton, 2019.

Agradecimentos

Este livro não seria possível sem as ideias de muitas pessoas que são muito mais maduras e muito menos ansiosas do que eu.

Nunca tive a oportunidade de conhecer o dr. Murray Bowen, mas sou grata por suas ideias e pelo impacto que tiveram em minha vida.

A dra. Anne McKnight foi uma *coach* maravilhosa, que nem uma única vez tentou funcionar em meu lugar.

A faculdade e o pessoal no Bowen Center realizaram a rara façanha de criar uma comunidade onde bons pensamentos podem ocorrer e as pessoas são capazes de assumir a responsabilidade por si mesmas.

Jessica Felleman foi uma paciente orientadora que caminhou a meu lado enquanto imaginávamos o que se tornaria este livro.

Renée Sedliar foi uma editora astuta que aderiu imediatamente e levou o livro até a linha de chegada. Obrigada às equipes da Hachette Books e Foundry Literary + Media por suas ideias criativas e sua dedicação ao projeto.

Obrigada a Lauren Hummel por ter acreditado no livro. Carmen Toussaint e a Rivendell Writer's Colony proporcionaram-me o ambiente ideal para começar a escrever. Laurie Schultz Heim cuidou de minha filha, e meu marido, Jacob, abriu mão de muitos fins de semana. Kathleen Cotter Cauley nunca arrefeceu em seu entusiasmo de fazer com que a teoria de Bowen seja acessível a todos. A equipe e os membros da Igreja Metodista Unida de Capitol Hill deram um exemplo constante de compaixão e de maturidade num mundo cheio de ansiedade. Ann Gault, Jonathan Rollins e muitos outros editores fizeram com que eu pudesse escrever sobre a teoria de Bowen. Sou grata também a pensadores inspirados em Bowen, como o dr. Michael Kerr, a dra. Roberta Gilbert e a dra. Jenny Brown, cujos escritos ajudaram-me a desenvolver minhas próprias ideias.

E, é claro, quero agradecer à minha família. Vocês nunca falharam em ser um fascinante e recreativo espaço para se aprender a ser o *eu*.

Fontes FINANCIER, FOUNDERS GROTESK
Papel ALTA ALVURA 90 g/m²